DEL ABUSO SEXUAL A LA SEXUALIDAD SAGRADA

DEL ABUSO SEXUAL A LA SEXUALIDAD SAGRADA

El Camino de María Magdalena

Mónica Álvarez

DEL ABUSO SEXUAL A LA SEXUALIDAD SAGRADA
Mónica Álvarez

MÓNICA ÁLVAREZ COBO
Derechos reservados conforme a la ley.
Hecho el depósito legal.
Prohibida la reproducción parcial o total por cualquier medio mecánico o electrónico sin su debida autorización.
Los caracteres tipográficos de esta obra son de propiedad de MÓNICA ÁLVAREZ COBO.

Primera edición, Abril de 2025
ISBN:

Editado y distribuido por:
MÓNICA ÁLVAREZ COBO
Celular: 3217180334
E-mail 1: LEMURIANWISDOMCITAS@GMAIL.COM
Web: WWW.LEMURIANWISDOM.COM

Bogotá, D.C. - Colombia

Ventas por correo. Visite nuestra página web.

Diagramación y diseño de cubierta:
Johnny Francisco Hernández Camacho

Agradecimientos y dedicatorias

A todas las mujeres que han formado parte de mi proceso
de sanación en todos estos años de búsqueda personal.

A mis psicólogas Liz, Alejandra y Andrea, por
tener paciencia conmigo, ser amorosas y ayudarme
a ver tantos aspectos de mi sombra.

A las mujeres medicina que me abrieron la oportunidad
de conocer a la abuela Ayahuasca y, gracias a las cuales,
he aprendido las más grandes lecciones de mi vida: Luis

A todas las mujeres magdaleninas que he conocido
a través de viajes místicos y de la historia, y que me

ayudaron a ver aspectos de mí que aún necesitaban luz:
Marisa, Carolina, Mónica, Flori y Agustina.

Y a mis amigas, que han caminado conmigo en los años
más intensos y las pruebas más retadoras: Valeria, Kitty,
Dennis, Linda, Ángela, Maddy y Ana María.

Y a mis dos hermanos de vidas y alma: Joel, por ser mi
guardián ahora en el cielo, y Vanesa, por estar conmigo
para darme luz en la oscuridad.

A todas las mujeres que no conozco y con quienes
apenas intercambiamos unas palabras, pero que, por

*designios de los misterios de la vida, me han enseñado
muchísimo sobre mí. Que, por su elección de alma,
me hicieron daño para que yo descubriera mi luz.*

*Estoy profundamente agradecida por las experiencias que
me llevaron a reconocerme realmente. Increíblemente, todas
las que me ayudaron a volver a mí fueron mujeres.*

Estamos sanando lo femenino.

Introducción

Sɪ Jᴇsús ᴘᴇʀᴅᴏɴó a María Magdalena por ser prostituta, ¿por qué no me va a perdonar a mí? Esta es una pregunta que hice mucho tiempo atrás y que recuerdo haber repetido en terapia con mi quinta psicóloga, cuando intentaba comprender mi historia personal con la promiscuidad. Había culpa en mí: por no amarme, por maltratarme, por llevar tan dentro el odio hacia los hombres; culpa por permitir demasiado incluso siendo adulta; culpa porque no entendía; y culpa para seguir justificando mi dolor, quizá para no sanar.

También sentía culpa por odiar a mi madre por no haber estado presente en mi vida, por haberme dejado sola y, en consecuencia, haber permitido que me ocurriera todo lo que me pasó. Y además de culpa y dolor hacia mi padre, sentía confusión.

Si yo te dijera que, probablemente, la vida que llevas es una vida de reparación, ¿qué pensarías? ¿Que todas las penas que vives, todos los sufrimientos que has experimentado, los odios y los enemigos que tienes, ya los conocías de antes? ¿Que tú mismo causaste las heridas que intentas sanar en esta vida? ¿Que tu mamá sufre y te rechaza porque, posiblemente, la causa de esa herida es una decisión tuya del pasado?

La raíz de un abuso sexual no surge en el momento en que ocurrió —ya sea a los 18, a los 11 o a los 4 años—, sino que proviene de mucho antes. Es un aprendizaje profundo para quien lo sufre, y trasciende el tiempo; no se origina en esta vida presente que estás viviendo, pues proviene de mucho más atrás. La negación a la feminidad y el odio hacia lo masculino, por ejemplo, tienen una raíz mucho más profunda de la que piensas.

No quiero adentrarme en una introducción excesivamente intensa ni hacerte cuestionar cosas antes de tiempo. Durante la lectura —la cual espero que te sea útil y sé que así será—, tengo la expectativa de que logres entender tu propia vida, establecer conexiones con tu linaje e historia y soltar el dolor.

Es ridículo y abrumador vivir con tanto dolor. Toda persona abusada sexualmente merece vivir en libertad, libre de tantos odios y ataduras provenientes de su propia historia, de esa raíz en la que se violó la intimidad y se distorsionó todo.

Merecemos vivir libres tanto de la culpa propia como de la culpa impuesta. Si te sucedió eso, fue porque lo permitiste; si te pasó, fue porque no supiste respetarte a ti misma. Nos han dicho que eres sucia, que eres imprudente, porque te involucraste con esos hombres. Son papeles y títulos que nos imponen quienes no nos conocen y apenas ven una fachada. Esto mismo le ocurrió a Magdalena, quien fue pobre, maestra sexual tántrica, de la cual algunos afirman que fue esposa de Jesús, aunque otros dicen que no fue así; incluso, hay teorías que sostienen que ella fue prostituta, aunque se arrepintió. Todas son teorías surgidas desde el dolor y el juicio.

Este libro es para todas las mujeres que han sufrido abuso sexual, para aquellas que llevan la raíz de ese abuso, que han abusado de sí mismas o han permitido más abuso; para las mujeres que sólo buscan paz interna, comprender, aclarar y tener una vida tranquila; para aquellas que desean liberar su corazón de tanta carga externa y de la propia historia de abuso sexual.

Si has tenido problemas de promiscuidad y no entiendes por qué, quizás aquí encuentres una respuesta y el camino para sanarte; si en algún ambiente extremo fuiste expuesta a tanto sexo; si tienes a alguien en tu círculo —familia, hermana, mamá, amigas— y jamás has comprendido el porqué de esa constante búsqueda de aprobación masculina que se distorsiona en lo sexual.

Principalmente, me enfoco en el abuso sexual, el cual puede ocurrir a cualquier edad, pero también en el abuso físico, emocional y en varios trastornos que pueden derivarse del abuso.

Les prometo de corazón que María Magdalena llegará a sus vidas de algún modo, a través de este libro o por otros medios, o quizá ya llegó. Yo no puedo sanarlas, sin embargo, a través de mi historia, sí pueden aprender a buscar ese camino que las invita a elegir.

1. La conexión, la visión en la ayahuasca

En mayo de 2023, después de varias ceremonias de ayahuasca seguidas, una tras otra en un período de dos meses, finalmente llegué a una ceremonia en la que me encontraba mejor y me sentía más tranquila. Sentía que ya quedaba poco para salir del momento más oscuro y paranormal que he vivido en toda mi vida. He tenido muchos, pero este los superó a todos. Pensé que lo peor ya había pasado.

Tuve que hacer esas ceremonias seguidas porque la misma medicina me había anunciado tiempo atrás que tenía un «trabajo» encima. ¿Un trabajo? Sí. Lo que se conoce vulgar o tradicionalmente como brujería; en parapsicología, como sugestión psíquica o trabajo psíquico; y lo que en general se llama *magia negra*. En una de esas ceremonias de limpieza de ese trabajo de brujería que cargaba, llegó a mi vida la presencia de una mujer que desconocía. Ella no existe en materia física, es decir, en cuerpo, pero sí en espíritu. Su consciencia, su camino, su energía, su presencia están más presentes que nunca en este plano terrenal.

La llegada de esta presencia energética a mi vida me encaminó a perdonarme, a perdonar y a sanar. Casi podría decir que transformó por completo mi pésima relación con la sexualidad y con una historia que trasciende el plano físico y esta vida con relación a los abusos sexuales. Prácticamente, me guio por un sendero de profunda sanación de algo que mi alma ha estado buscando sanar desde hace muchas encarnaciones: *la distorsión sexual, el amor propio real y mi sagrado femenino.*

Estaba sentada frente al fuego en la ceremonia de ayahuasca. Recuerdo haber sentido un profundo agradecimiento hacia la ayahuasca por haberme mostrado mis faltas y haberme sacado del lugar oscuro en el que estuve. Era un sábado de junio, alrededor de las dos de la tarde. Hacía un poco de sol y el clima era templado. Mientras miraba el fuego, comencé a sentir un cosquilleo en la palma de mi mano derecha. La levanté para ver qué era y, de repente, mis venas comenzaron a dibujar una figura. Era como si mis venas quisieran mostrarme algo.

Por un momento, pensé que me enseñaría cómo funcionaba el sistema nervioso o algo similar. Había escuchado que la ayahuasca te permite ver el cuerpo por dentro: el sistema circulatorio, las venas, las conexiones. Pensé que iba por ese camino, sobre todo porque mi sistema nervioso había estado muy afectado en los últimos meses. Me dije a mí misma: «De pronto tengo el sistema nervioso tan desajustado que me va a mostrar cómo regularlo».

Pero no fue así. De repente, una figura perfecta de la silueta de una mujer apareció en mi palma. Cerré y abrí la mano varias veces. Miré a mi alrededor para estar segura de lo que veía. Eran líneas formadas por mis venas que delineaban con precisión la silueta de una mujer de cabello largo, hasta la cintura, con medio cuerpo visible. Era increíble, como si siempre hubiese llevado esa imagen en mis venas, pero nunca me hubiera dado cuenta. La figura tenía tonalidades entre rojo y azul, el color de mis venas entrelazadas.

Quise buscar a alguien cercano para preguntarle si también lo veía, pero temí que, si lo hacía, la visión desaparecería. Muchas veces, cuando te distraes en una ceremonia, la conexión o la visión se pierden, así que es mejor mantenerse presente en lo que uno mismo está viviendo. Por eso, decidí enfocarme en lo que veía en mi palma y tratar de entenderlo. Permanecí en silencio, aceptando lo que veía. Si uno se resiste, la ayahuasca se intensifica o la visión cambia, lo que imposibilita la comprensión del mensaje. Me afirmé en el fuego y, de pronto, una voz gentil y suave comenzó a hablarme en mi cabeza. Era una voz reconfortante.

Al principio, sentí que era mi abuela paterna, pero luego comprendí que no. Fue difícil saber con certeza quién era. Su mensaje era como el consejo amoroso de una mujer con una energía hermosa, pero también era específico, muy directo y bastante explícito. No me habló de salvar a la humanidad ni de alguna misión especial. Su mensaje tenía la firmeza de una mujer que sabe lo que dice y no duda ni titubea. Escuché, pues, su voz en mi cabeza diciéndome:

«Nunca has estado sola. Crees que sí, y te la pasas diciendo que estás sola, pero no es así. Siempre he estado a tu lado para protegerte, aun cuando no crees en mí. Todas las cosas que tu corazón desea se realizarán en el tiempo perfecto. Lo que ves aquí lo tendrás: la Sagrada Familia. Todo tiene un propósito que a veces no entendemos, pero algún día lo comprenderás. Deja de maltratarte. Deja de maltratar tu cuerpo. Ámate más. No te juzgues por lo que pasó en el pasado, por lo que hiciste o por lo que le hiciste a tu cuerpo. No te castigues. No guardes ira ni odio por quienes te han hecho daño. Estás protegida, aunque no lo creas. Tu mamá y tu abuela materna son la conexión hacia mí. Sigue el camino. Aún quedan cosas por limpiar y comprender, pero quiero que sepas que jamás has estado sola».

Poco a poco, sentí una gran tranquilidad. Exhalé un suspiro de alivio y pensé: «¡Dios mío! ¡Por fin esto se acabó!». Sentía que era una señal de que finalmente me había liberado de todo lo que me había causado ese trabajo de magia negra. La imagen se desvaneció lentamente. En ese momento, sólo pedía ayuda divina y fortaleza de corazón y mente para salir bien de esa etapa de mi vida, la cual no entendía. Durante muchos años, creí que la brujería no existía. Pensaba que eran no más que cuentos de barrio y chismes de puerta en puerta. Pero la vida me mostró, una vez más, que no porque uno diga que no cree en algo, significa que está exento de que le ocurra. No creer en la brujería no te exime de que te pase. Más adelante comprenderás acerca de lo que realmente te protege.

En resumen, tal fue el mensaje que recibí de esta mujer que se me presentó en la ceremonia de ayahuasca. Me levanté del fuego y quise preguntar a la persona que guiaba la ceremonia si era posible tener una visión así. Su respuesta fue ambigua. Me dijo que sí, pero no entró en detalles. Me dejó con la pregunta abierta. ¿Tú qué crees? Yo quedé en las nubes, pero sabía que luego buscaría la oportunidad de indagar más sobre el tema. Soy muy preguntona, especialmente cuando algo me toca el corazón de esa manera.

Días después, en un viaje al Amazonas, con otra de las guías con la que tomaba ayahuasca, le comenté sobre lo que me había pasado ese día y me confirmó que sí, que estas son confirmaciones de protección, las cuales, según me explicó, me mostraron algo que se estaba gestando en el mundo invisible, algo que yo no comprendía en ese momento, pero que quizá entendería con el tiempo. Se presentan estas visiones para confirmar una sospecha, para dar un mensaje de fondo más importante y para reafirmar que uno no está solo y que, en efecto, está protegido, especialmente cuando se atraviesan procesos de limpieza como el que yo estaba experimentando.

Así que sí, mi encuentro con esa figura femenina en la toma de ayahuasca fue genuino. Fue un momento crucial. Había pasado lo que hasta hoy considero los peores meses de mi existencia en esta vida. Tenía tanto miedo, pero no un miedo común, sino un miedo paranormal, de sentir la presencia de algo aterrador, un miedo profundo de película de terror. Tenía tanta nostalgia, a veces impotencia, tantas preguntas sobre todo lo que había vivido, que su aparición marcó un punto de inflexión.

Digo y afirmo que fue la silueta de una mujer, porque más adelante comprendí que podría haber sido María Magdalena, aunque nunca supe con certeza quién era. Nunca llegué a preguntarle directamente a la ayahuasca quién era esa figura en mi palma. Simplemente, todo se fue revelando como un rompecabezas, como un acertijo que fui descifrando poco a poco. El verdadero propósito era integrar un camino de sanación de mi feminidad, del rechazo a ser mujer y a mi cuerpo, de la sanación de los abusos sexuales y de una nueva comprensión sobre el ego que jamás había considerado. Y eso es lo más importante, aunque, en aquel momento, no lo sabía ni lo entendía.

Cuando estaba en el proceso de limpieza de ese trabajo, visité a mi mamá, quien vive a tres horas en carro desde mi casa. Fui porque ella me dijo que tenía una amiga con conexión con la Virgen, que además conocía a una niña pequeña que hablaba con ella. En ese momento, después de tantas experiencias extrañas, cualquier ayuda era bienvenida. No logramos contactar a la niña, pero su amiga pertenecía a un círculo de mujeres religiosas marianas, así que decidí hablar con una de ellas.

Nos reunimos en el apartamento de mi mamá. Llegaron dos mujeres: la amiga de mi mamá, a quien llamaremos A, y la otra mujer, a quien llamaremos B, quien decía tener contacto con la Virgen. Se sentaron a escucharme atentamente, pero recuerdo que me sentí muy frustrada y juzgada, al punto que dije: «No más». Acepté lo que me dijo B, pero no lo creí del todo. Básicamente, me llamó pecadora, me juzgó por tomar ayahuasca y por haber recurrido a otras formas de sanación. En un momento, me sentí tan maltratada y sin respeto ni empatía por lo que había pasado que llegué al punto de gritarla. ¡No sabía más, no sabía qué más hacer, solamente quería salir de ahí!

Lo cierto es que aquella mujer nunca habló con ninguna Virgen (me río de ello). Únicamente me regañó. Al final, me puso aceite exorcizado en la frente, las orejas y el pecho, y me dijo que debía confesarme con un sacerdote por todos mis pecados y hacer un sinfín de cosas más para poder salir de mi situación.

Cuando salimos del apartamento, la amiga de mi mamá, A, nos invitó a su casa. Con ella sentí una conexión más auténtica con la energía mariana. Me mostró varias imágenes de la Virgen que tenía en su hogar, me enseñó rosas rosadas, el uso de la sal, el agua y los aceites. Me sentí acogida y comprendida. Su bondad era genuina, y estuvo pendiente de mí incluso semanas después.

A veces pienso que, independientemente de la religión que uno profese, el amor, la comprensión y un poco de compasión son fundamentales. Nunca sabemos la historia del otro. A veces, es mejor guardar silencio cuando nuestra boca sólo quiere juzgar. Obviamente, a mí también me ha tomado un largo camino aprender esto. Creo que pasar por momentos oscuros en tu propia vida y sanarlos te muestra cuánta compasión se necesita del mundo externo para no hundirse más.

Como me guío por lo que me dicen mi intuición y mi corazón, volví a tomar ayahuasca. Entendí que tal vez necesitaba conocer a estas mujeres marianas, quizás recibir esa señal de las rosas, esa ayuda femenina que a veces nos negamos a aceptar. He vivido una desconexión con lo femenino durante toda mi vida. Tal vez por eso ese mensaje llegó a mí: para reencontrarme, dejar de negarme y dejar de quejarme por ser mujer. Todo ha sido una conexión punto por punto. Fue después de la conexión con ellas que tuve mi ceremonia, donde vi la silueta de la mujer en la palma de mi mano.

Para aclarar, yo no creía en la Virgen en lo absoluto. Me parecía ridículo pensar que una mujer pudiera quedar embarazada por un ángel y dar a luz a Jesús. Me molestaba la gente fanática de la figura, me incomodaba que rezaran

80 oraciones repetidas porque supuestamente así las almas se rectificarían. Muchas cosas me parecían absurdas sobre la historia de la madre de Jesús. Siempre he creído en Dios, aunque mi forma de verlo ha cambiado con el tiempo, de acuerdo con lo que he aprendido y experimentado. Sin embargo, no creía en la historia bíblica de una mujer virgen embarazada. Jamás fui devota de la figura ni de nada similar.

Mi percepción de «Madre María» ha cambiado por completo. Mucho más ahora, después de haber aprendido sobre historia y de que la ayahuasca me explicara muchas cosas sobre los temas dogmáticos. Ya no me molesta que la gente rece 85 oraciones en un lapso de 20 minutos. Cada uno tiene su propio camino, pero ahora comprendo cómo funciona la energía detrás de un dogma y lo que realmente esconde la conformación de cultos religiosos y espirituales.

Lo cierto es que, en pleno furor cuando estalló el tema de la brujería, una noche desvelada en mi apartamento, mientras intentaba dormir y estar atenta a lo que pasaba, tuve una de mis visiones más fuertes. Vi una figura de silueta dorada que se dibujó en la pared frente a mí. Era como una silueta áurica, delineada perfectamente como si hubiera sido trazada con un marcador fluorescente. Era la figura de una mujer.

Lo comenté con mi grupo de amigos de ayahuasca y con los guías que dirigían las ceremonias, y ellos me lo confirmaron. Me explicaron que es una de las maneras más sencillas de comprender lo que uno ve o experimenta en estos estados. Estas personas tienen muchos años de trabajo en el mundo sutil y saben interpretar lo que sucede en el plano invisible, ese que muchos no entienden o no aceptan.

Al parecer, esa figura era de protección, y así lo sentí. Tal vez era mi abuela paterna o la misma mujer que se me apareció en la mano. Sentí una conexión muy fuerte con esa presencia. Así que, en el momento más oscuro de mi vida, fue cuando se manifestó la energía de esta mujer misteriosa que me protegía y me brindaba aliento en medio de todo lo que estaba viviendo.

Después de todo ese drama místico, en el mes de octubre decidí viajar al lugar de mayor seguridad para mí: Australia. Me fui por un mes de vacaciones y tuve la oportunidad de conectarme con la naturaleza y meditar en la playa casi todos los días. En ese momento, estaba tomando un curso digital sobre las rosas místicas. Después de lo que había experimentado con la ayahuasca, quería entender qué me estaba pasando y si Madre María tenía algo que ver en todo esto. Me preguntaba si la mujer que había visto era alguna de mis abuelas o por qué hablaba con tanta firmeza sobre mi sexualidad y mi cuerpo.

En una de las meditaciones que hice sobre las rosas, el nombre de María Magdalena apareció en mi mente una y otra vez. Hasta ese momento, no sabía nada sobre ella. Lo único que conocía era la historia tradicional: que fue la prostituta perdonada por Jesús, la pecadora. La misma y repetida historia religiosa de siempre. Sin embargo, una frase volvía constantemente a mi cabeza: «Si Jesús perdonó a María Magdalena, ¿por qué no me perdonaría a mí?».

La historia religiosa de María Magdalena sí me resonaba. La de la Virgen María la cuestioné, pero la de María Magdalena, jamás. Tal vez sentía que me identificaba con ella de alguna manera, por lo que nunca dudé de su relato. Pensaba: «Qué hermoso que Jesús haya ayudado a esta mujer con tantos problemas, seguramente la sacó de su profesión y la perdonó». Por supuesto, tenía muy arraigado el concepto del pecado. Yo era una pecadora, lo aceptaba y no lo negaba.

Cuando comencé a ir a la playa a hacer mis meditaciones durante mis vacaciones en Australia, me llegaban imágenes de signos de un cáliz y el nombre de María Magdalena volvía constantemente a mi mente. En ese momento, no la asocié con nada en particular. De hecho, juré y afirmé dentro de mí que la mujer que había visto en mi mano era una señal para que dejara de ser pecadora. ¡La culpa me carcomía por dentro!

Por pura curiosidad, comencé a buscar información sobre María Magdalena. Me sumergí en videos de YouTube, documentales y artículos en internet. Fue entonces cuando empecé a escuchar a historiadores y personas místicas que aseguraban conocer la verdad oculta sobre ella. También exploré mucho contenido en inglés y llegué a Rebecca Campbell y otras escritoras de temas espirituales. Muchas de las cosas que Rebecca Campbell decía sobre la frecuencia de la madre diosa y la rosa comenzaron a resonar en mí de manera positiva mientras exploraba jardines y distintos lugares en Australia. En especial, la información sobre la madre cósmica y su energía en la vida de las mujeres me resultó reveladora.

Recuerdo que un día iba caminando por la calle en dirección a tomarme un café en *The Grounds*, un hermoso café temático en Sidney. Me senté a disfrutar de mi café mientras escuchaba los videos en mis audífonos. De repente, me detuve en seco y me quedé en una esquina mirando el edificio del Queen Victoria cuando una de estas historiadoras afirmó con certeza: «Es que ella no fue prostituta, ha sido todo un invento». «¡Qué choque!», me dije. Y continué: «¿Qué locura! ¿Así de simple lo dice? ¿Cómo es posible? ¿Con qué fin se inventaron semejante cosa?». Me quedé aún más perpleja cuando la historiadora Marisa Ventura explicó en un vídeo que María Magdalena había sido la esposa de Jesús, que era una mujer letrada y que había vivido en el sur de Francia.

No podía dejar esa información a medias. Mi paseo de vacaciones en Australia se convirtió en constantes visitas al mar, a la playa, para tratar de entender y absorber toda la información posible sobre esa historia fascinante. Así fue como emprendí el camino de aprendizaje sobre María Magdalena y me pregunté por qué me llegaba esta información, cómo se relacionaba con mi vida y qué conexión tenía con estas personas místicas y su conocimiento.

Fue en Australia, la tierra en la que viví por varios años y a la que había vuelto para perdonarme a mí misma por muchas cosas que me hice, donde finalmente hice la conexión. Entendí que debía estudiar e integrar muchas enseñanzas que María Magdalena tenía para mí de ahora en adelante.

2. La guía espiritual

En este viaje por Australia, continué con mi búsqueda de entendimiento sobre el tema de la brujería. Soy fiel creyente de que nada en esta vida es casualidad, que todo llega como un aprendizaje para avanzar y evolucionar. Por eso, no podía simplemente dejar pasar el tema sin más; por lo tanto, me sumergí en la investigación.

En las meditaciones que hacía, comencé a tener una comprensión más profunda sobre los guías espirituales. Para mí, estaba claro que mi abuelo materno era uno de mis principales guías. La ayahuasca ya me lo había mostrado y confirmado. También entendí que los guías espirituales pueden ser miembros de tu familia —tanto del linaje paterno como materno— y que pueden ayudarte en distintos momentos de tu vida. Su asistencia, a su vez, les permite evolucionar también a ellos.

Así me sucedió con la mamá de mi papá, a quien nunca conocí, pero que se me presentó en una toma de ayahuasca para decirme ciertas cosas. Luego, en sueños, comprendí que me había acompañado hasta cierto punto y que su presencia en mi vida formaba parte de un trato para ayudarme a evolucionar. De paso, por supuesto, ella también evolucionaba. Este entendimiento mutuo permitía romper patrones en la familia de mi padre. Seguramente, este conocimiento le serviría a ella para planear su próxima vida, y a mí, en esta.

Me enfoqué entonces en realizar diferentes meditaciones y, con cada sesión, la presencia de María Magdalena se intensificaba más en mis pensamientos. En una meditación de confirmación, me llegó la imagen de una mujer que ya había visto tiempo atrás: una figura femenina de cabello largo, de unos 55 años aproximadamente, a quien no lograba verle el rostro. Sentí con certeza que estaba relacionada con María Magdalena.

Días después, muchas piezas comenzaron a encajar y fui armando el rompecabezas de lo que había estado ocurriendo en los últimos meses: la conexión con la mujer en la toma de ayahuasca, las meditaciones en la playa en Australia, la entidad de luz con figura de mujer que vi en mi apartamento y que me transmitió tranquilidad. Todo empezaba a tomar sentido. Aún quedaban aspectos por profundizar, pero para mí era evidente que, por lo que conocemos de la historia católica y la fama mal impuesta sobre María Magdalena, su llegada a mi vida estaba relacionada con mi sexualidad y mi conexión con la energía femenina. Fue entonces cuando confirmé que María Magdalena estaba intentando guiarme por un camino determinado. No podía creerlo. Hasta ese momento, solamente había escuchado algunas horas de videos de historiadores en redes sociales y documentales. Nada más.

Los guías espirituales llegan porque, en algún punto, planeamos tenerlos como guías. Quizás compartimos vidas con ellos o los conocimos en persona en alguna existencia pasada.

María Magdalena no se me apareció directamente para decirme: «Soy tu guía». Podemos decir que yo elegí seguir una serie de señales que formaban un camino con flechas claras para mí. Y por esa razón, hoy estás leyendo este libro. Durante este proceso de más de dos años, ha llegado la confirmación de su presencia en mi vida.

Me tomé muchos meses antes de volver a una ceremonia de ayahuasca. Había sido el receso más largo que hacía. Para ese entonces, noviembre de 2023, ya llevaba un poco más de dos años y medio tomando la medicina. Mi frecuencia de ceremonias solía ser de una a dos veces al mes, siempre con acompañamiento psicológico. Prácticamente, lo había convertido en un tratamiento para sanar traumas. Es algo que recomiendo hacer con consciencia, no solo por curiosidad o moda.

Nunca lo he hecho sin guía. Únicamente he tomado la medicina con dos comunidades, y siempre ha sido con el propósito único de sanar mi corazón y mi vida. Siempre le he pedido a la medicina que me ayude a entender el porqué de tanto dolor en mi corazón, que me ayude a sanar patrones, malos hábitos y todo el enredo mental que tenía. Siempre le pedía que me guiara para encontrar paz y tranquilidad en mi vida.

Llegué a la ayahuasca después de haber pasado por cuatro psicólogos. Allí encontré a mi quinta psicóloga, con quien estuve más tiempo y con quien logré integrar, avanzar y sanar más profundamente. Con el tiempo, comprendí mi conexión con la planta, la búsqueda de mi alma de algo más profundo que no era solamente mental, mi conexión con Lemuria y el hecho de que ya conocía la medicina en otras vidas. También recordé haber sido indígena en la Amazonía colombiana en una vida pasada. Recuerdo que en una ceremonia la ayahuasca me dijo: «Bienvenida de vuelta, ya nos hemos visto antes».

Esto fue algo que en su momento hablé con varias personas que llevan largo tiempo en este camino. Hay quienes la toman una sola vez y ya, pero hay quienes escogemos visitarla de vez en cuando y confiar en su sabiduría. Esto implica una conexión más profunda que trasciende la tendencia de considerar las plantas medicinales como algo pasajero o de moda.

No soy chamana ni facilitadora, tampoco hago parte de ninguna comunidad que ofrece la medicina. En algún punto de este proceso, simplemente decidí y pedí a la abuela ayahuasca que me ayudara a sanar mi vida y mi corazón, que me ayudara a arrancar toda la maleza de mi camino. Ha sido una decisión profundamente sanadora y reveladora. A través de ella, he entendido mi propósito como alma y la conexión con el espíritu de la planta.

Con la ayahuasca confirmé lo que había estado experimentando en los meses anteriores con María Magdalena. Confirmé la conexión, las visiones durante las meditaciones y el propósito de su llegada a mi vida. Comprendí que el haber vivido una historia tan fuerte con el abuso sexual tenía una conexión directa con María Magdalena y, además, un propósito muy importante en mi vida. Afirmé que ella me guiaba no sólo en esa circunstancia, sino también en mis sueños. Sin embargo, también comprendí que no sería mi única conexión espiritual y que debía aprender muchas cosas por otros caminos y desde otras perspectivas.

Algo que me impresionó fue un mensaje en el fondo de mis visiones que me decía que no me volviera fanática y que buscara la información verdadera. Sentí un fuerte énfasis en eso, como si la historia de María Magdalena siguiera estando distorsionada. Una voz me decía que aún había muchas mentiras y tergiversaciones, y que lo realmente importante era la ascensión del alma, nada más.

Luego de esa confirmación, me puse en la búsqueda de libros y documentales más profundos sobre su historia y las distintas narraciones sobre su vida. En esta investigación, me encontré con *El Gospel de Felipe*, donde hallé información muy relevante sobre la vida de María Magdalena, así como algunas enseñanzas sobre la ascensión del alma y el desarrollo de la consciencia.

En el año 1945, en El Cairo, Egipto, un grupo de arqueólogos descubrió los textos apócrifos atribuidos al apóstol Felipe. Recomiendo encarecidamente su lectura, pues contienen información increíble sobre la ascensión de la consciencia y la confirmación de María Magdalena como la compañera de Jesús.

Comparto algunos de los pasajes que me parecieron más interesantes:

«La luz y la oscuridad, la vida y la muerte, lo derecho y lo izquierdo son hermanos uno del otro. Son inseparables (en las personas mundanas). Por eso, entre ellas, los buenos no son buenos y los malos no son malos, y su vida no es una vida, y su muerte no es una muerte.

Así que cada uno debe empezar por separar todo esto dentro de sí mismo.

En cambio, aquellos que se han desprendido de lo mundano llegan a ser íntegros, eternos».

«Jesús es un nombre humano. El Cristo es un título. Por eso, el nombre Jesús no tiene análogos en otros idiomas; simplemente lo llamaron Jesús.

Cristo en siríaco suena como Mesías. Cristo es una palabra griega. Todos los otros idiomas también tienen esta palabra según su propia pronunciación.

El Nazareno significa "Aquel que vino de la Verdad"».

«Tres caminaban todo el tiempo con el Señor: María, su madre, su hermana y María Magdalena, quien fue llamada su compañera. Así había tres Marías: su madre, su hermana y su compañera».

«Cuando un ciego y uno que ve están juntos en la oscuridad, ellos no difieren entre sí.

No obstante, cuando la luz llegue, quien ve verá la luz; en cambio, el ciego permanecerá en la oscuridad».

Cuando leemos cualquier tipo de texto místico, es importante recordar que siempre contienen mensajes encriptados que pueden interpretarse de manera diferente según el nivel de consciencia del lector. Nunca deben tomarse de manera literal. Cuando se alcanza un estado de consciencia libre de culpa y miedo, y no contagiado por dogmas, la lectura deja de ser meramente intelectual y pasa a ser comprendida desde el sentir y la historia personal de cada uno.

Algo que también puedo extraer de los textos de Felipe es que no se menciona la existencia de hijos entre María

Magdalena y Jesús. Esto siempre me ha generado dudas, pues existen muchas teorías al respecto.

El primer libro que encontré sobre María Magdalena fue *María Magdalena Revelada*, de Meggan Watterson. Es un libro sencillo de leer, con una perspectiva algo teológica, pero muy hermoso. Casualmente, su autora también vivió abusos sexuales en la infancia y cuenta cómo María Magdalena la ayudó a reconectar con su feminidad.

En este libro, Meggan menciona a Karen King, una de las investigadoras que tuvo acceso directo a los textos encontrados en El Cairo y que, tras múltiples estudios, se confirmó que fueron escritos por María Magdalena.

Por supuesto, compré el libro de Karen King, y fue este el que me voló la cabeza. Me ayudó a comprender por qué María Magdalena había llegado a mi vida, nuestra conexión, su vínculo con lo sagrado femenino y la verdad que nos han ocultado durante siglos. Entendí perfectamente por qué esa mujer se me apareció en la palma de la mano tras la purga que hice para liberarme de una brujería o trabajo psíquico. Todo tenía sentido.

Mientras estudiaba el libro de Karen King, llegó a mí la información sobre un viaje a Inglaterra con la temática de los misterios de María Magdalena. Solicité información, revisé fechas, ahorros e itinerario, y sin dudarlo, compré los tiquetes y saqué la tarjeta de crédito para hacer mi primer abono.

Todo es un proceso paso a paso, un tejido. Siempre trato de enlazar los aprendizajes ancestrales de mis abuelos, de la medicina, de los sabedores de la selva que me cuidan y se presentan en las ceremonias, pero también de conectarlo con otras culturas. En este caso, la conexión entre María Magdalena y la medicina de la ayahuasca.

La elección de tu péndulo

Si has leído el libro de Vadim Zeland, *Reality Transurfing,* esto que explicaré te resultará muy fácil de comprender. Si no lo has leído, te lo recomiendo para profundizar en este tema.

Nosotros mismos somos péndulos, al igual que todas las creencias que tenemos. Existen péndulos negativos, positivos y neutros.

El líder de una secta, por ejemplo, es un péndulo. Un líder político también lo es. Todas las teorías espirituales y los sistemas de creencias son péndulos. Las religiones y sus grupos también funcionan como péndulos. Creer fielmente en un ser o dogma es aferrarse a un péndulo. Desde la física cuántica, esto puede explicarse como una transferencia de energía, pero, al igual que me ocurría a mí antes de conocer esta teoría, probablemente tú también hayas donado energía sin cuestionarlo.

Comprendí esta teoría a la perfección cuando el libro llegó a mi vida, mientras realizaba un curso de metafísica y, al mismo tiempo, me alejaba de un culto sin darme cuenta de que lo era. Lo cierto es que toda mi energía, mis pensamientos, decretos y psiquis estaban completamente volcados en el líder de ese culto, que resultó ser negativo, distorsionado y muy alejado del mensaje *magdalenino,* aunque sí alineado con el mensaje del Antiguo Testamento. Su influencia afectaba mi vida espiritual de muchas maneras, retrasaba mi aprendizaje y me desviaba del camino que realmente debía seguir.

Uno puede elegir sus péndulos, porque cada uno de nosotros también lo es. Si tienes un negocio, el péndulo de ese negocio eres tú. Si trabajas en una empresa, el péndulo es el dueño de esa compañía.

Según el libro, es realmente difícil vivir sin péndulos, porque los necesitamos en muchas circunstancias de la vida. Sin embargo, cuando tomamos consciencia de su existencia, podemos comenzar a elegir conscientemente qué péndulos dejamos en nuestra vida y cuáles decidimos soltar.

Desde la perspectiva de la metafísica de los péndulos, María Magdalena es un péndulo. Su energía es fuerte y mueve a masas de mujeres y hombres. Para mí, es un péndulo positivo, siempre y cuando no derive en fanatismo.

Quizás pienses que ya soy fanática porque escribí un libro sobre ella, y no te lo puedo refutar. ¿Quién sabe? En mi vida cotidiana, además, encontré en su energía la compañía materna que siempre necesité y quise, pero que nunca tuve ni podré obtener.

El amor incondicional de una madre es algo que no me tocó en esta vida. Ha sido un camino que he tenido que recorrer durante mis 36 años. He tenido que aprender a *maternarme* a mí misma.

Para mí, Magdalena representa muchas de las cosas femeninas que han estado ausentes en mi vida. Es una amiga incondicional, una hermana mayor, una madre, y al mismo tiempo, soy yo misma.

Ese es mi péndulo, la guía espiritual que escogí. Y yo lo decido y lo elijo.

3. Esta vida y el multiverso en el que vivimos

Uno de mis dones extrasensoriales o habilidades psíquicas más potentes son los sueños. No es algo reciente;
es algo que siempre ha estado presente en mi vida, aunque
sólo lo comprendí cuando comencé a tomar ayahuasca.
Desde pequeña tuve varios episodios de desdoblamiento
en los sueños: veía versículos de la Biblia escritos en puertas, escuchaba y veía entidades, me desdoblaba y me veía
a mí misma durmiendo en mi cama o en sillones. También
tuve experiencias de desdoblamiento mientras estaba con
amigos en sus casas: me veía sentada hablando con ellos
mientras mi cuerpo dormía en un sofá.

En los sueños, tenía conversaciones con entidades que
me enviaban mensajes. Para mí, estas experiencias eran ate-
rradoras. No fueron situaciones agradables, especialmente
aquella vez que estaba de visita en la casa de una amiga y,
mientras dormía, me desdoblé. Las entidades de la casa me
gritaban que me fuera, se reían en mi oído, ponían música,
bajaban y subían las escaleras. Recuerdo que cuando desperté, mis amigos me preguntaron: «¿Qué pasó, Moni?». Yo
ni siquiera hablé, porque para mí ellos ya me habían escuchado y me habían echado de la casa. Solamente dije que
estaba muy cansada, pedí un taxi y salí corriendo. Nunca
conté nada. Tendría unos 22 años. Eso ocurrió en Bogotá,
en la casa vieja de una amiga, un lugar que, evidentemente,
estaba lleno de entidades.

No tenía idea de por qué me ocurrían estas cosas.
Siempre le hui al tema. Desde los 12 años, comencé a

experimentar eventos similares: veía sombras sentadas en las sillas de mi habitación, sentía que alguien se sentaba en mi cama, escuchaba golpes en la puerta y voces que me susurraban al oído. Pero jamás conté nada. Siempre sentí internamente que debía quedarme callada. Ya en la adultez, he aprendido a hablar sobre ello y a compartir mis experiencias cuando estoy en un lugar donde noto que algo está ocurriendo. Poco a poco he tenido que enfrentarme a mis propios miedos y dejar de temerle a lo desconocido.

También comprendí que una persona que ha sido abusada en la infancia debe superar primero el trauma antes de poder abrirse a sus dones psíquicos. El miedo ni siquiera proviene del mundo espiritual, sino de una herida profunda. Tal como sucedió en mi caso, ese miedo surgía del trauma de haber vivido cosas que no podía explicar, de haber sido silenciada y de haber sentido que mi alma había sido suprimida.

En mis sueños he visto de todo: premoniciones sobre amigos, sobre parejas de mis amigos, sobre exnovios y sus nuevas parejas. He visitado lugares en sueños que luego he reconocido al estar físicamente allí. He recibido mensajes sobre eventos que iban a ocurrir en unos días o que ya estaban ocurriendo. He tenido recuerdos de vidas pasadas. También, en mis sueños, supe que ciertas personas estaban haciendo trabajos oscuros en mi contra y que me estaban robando energía sexual.

Me han anunciado muertes con meses de antelación. Cuando mi hermano falleció, él me buscó tan pronto partió. Yo ya había tenido un sueño sobre su muerte unos siete meses antes. También he descubierto secretos de familia y de personas cercanas. En mis sueños, se me muestran fechas exactas, números de teléfono, nombres y apellidos, direcciones. He aprendido a ser muy prudente con esta información. No soy quién para juzgar lo que veo. No soy quién para decirle a alguien lo que sé sobre su pareja. He aprendido a callar. Creo que, de cierta forma, he desarrollado esta habilidad para ser más compasiva con los demás y para tener más empatía. Nunca sabemos realmente por qué alguien actúa como actúa. Claro, racionalmente no hay justificación para ciertas acciones, pero, desde la parte espiritual, todo cobra sentido cuando vemos la realidad más allá de lo evidente.

Gracias a mis sueños, he podido salir de momentos oscuros. Siempre se me revela quién está haciendo qué y cómo. Algo de lo que poca gente habla es que tener dones psíquicos como este también puede ser muy triste, porque se nos muestran cosas extremadamente crudas y crueles.

Aunque durante mucho tiempo me negué a aceptar que mis sueños eran reales, lo cierto es que se intensificaron y se volvieron mucho más literales. Uno tras otro, hasta que finalmente tuve que rendirme y decir: «Está bien, ya sé que estoy viendo una clarividencia importante».

Por fin entendí por qué encontraba placer en dormir: mis sueños son una conexión tremenda con el mundo sutil. He visto la personalidad etérica de una persona, he tenido encuentros con entidades y, bueno, quienes son trotamundos en los sueños lo saben: es como vivir *Alicia en el país de las maravillas*. Este tipo de habilidad onírica es la clarividencia, pero he estado muy distraída, aún con miedos, y en parte entregué mi poder a otros, pensando que los dones se despiertan mediante activaciones que alguien más te hace.

Si estás leyendo esto y te suceden cosas similares a las mías, quiero decirte que estás en el proceso de desarrollo de habilidades y que, si bien puede ser útil contar con uno que otro guía o profesor, nadie puede activarte nada. Nadie tiene la potestad de decirte qué dones tienes y cuáles no, o cuáles deberías desarrollar y cuáles no. Esa es una decisión de *tu alma*, de *tu espíritu*. Tu divinidad superior, tu yo superior, te guiarán en el camino de lo que debes hacer para activarlos. Eso es tomar el volante de tu vida. Lo digo porque me pasó: en mi ingenuidad, creí que otro tenía la potestad de decidir por mí, cuando en realidad, mi camino con la ayahuasca ha sido una limpieza de la maleza en mi vida que no me dejaba ver con claridad. Y ahí es donde está el verdadero camino.

En Australia tuve la confirmación de mi conexión con esa tierra, especialmente con un pueblo que me gusta mucho: Byron Bay. Me vi a mí misma bailando como una antigua aborigen en una época con pocas construcciones, cerca de la playa de ese pueblo.

Pero la confirmación más fuerte la tuve en Sidney. Tiene mucho que ver con mi sexualidad y, por supuesto, ahí comenzó a enlazarse la conexión con la mujer que me ayudó a cerrar este ciclo de distorsión sexual en mi vida. Fue en este momento cuando comencé a comprender el trasfondo espiritual del abuso sexual y las raíces de mi distorsión en esta área.

Me quedaban pocos días de mis vacaciones en Australia, de modo que pronto habría de regresar a Colombia. Había vivido en Australia en dos períodos distintos, sumando un total de cinco años, mucho antes de esta visita, que sólo fue por vacaciones. Primero viví en Melbourne, pero Sidney fue la ciudad más importante para mí. Allí fue donde comencé a cuestionarme y a decirme internamente: *algo está mal en mí, algo es raro, me pasa algo, necesito ayuda.* Ahí comenzó también mi proceso de autodestrucción, pero, al mismo tiempo, el inicio de mi camino de despertar de la consciencia.

Un fin de semana antes de regresar a Colombia, decidí hacer una serie de tours cerca de Sidney para conocer más lugares. El primero que reservé fue Hunter Valley, para visitar unos viñedos. El paseo estaba programado para el viernes y duraría todo el día. No tenía ninguna expectativa; ya estaba lista para disfrutar mi último fin de semana en Australia. No esperaba nada fuera de lo común, pero la noche anterior, el jueves, tuve un sueño:

Primero me vi pequeña, una niña de unos seis años que vivía en un pequeño cuarto con un hombre alto, blanco, de aproximadamente 1.90 metros. Ese hombre me obligaba a tener relaciones sexuales con él. En el sueño experimentaba todo tipo de sensaciones; para mí, muchos sueños son como una realidad, porque los vivo casi en directo. Me sentía muy sumisa a su lado, hacía caso a lo que me decía, pero en el fondo sentía que debía hacerlo para evitar que me hiciera más daño. Aceptaba todo lo que él decía y dejaba que abusara de mí de todas las formas posibles.

El lugar era pequeño, un cuarto donde sólo había una cama vieja y antigua. Créanme que mientras escribo esto, recuerdo ese sueño y se me revuelve el estómago. El sitio tenía una estructura industrial, había cosas sucias en el suelo, como trastes de cocina. Sentía que llevaba mucho tiempo ahí. Me vi en diferentes edades: pequeña, luego tal vez con unos once años y después más grande, de unos dieciséis o diecisiete.

En el sueño, yo le hablaba a ese hombre con una mezcla de amor y miedo, cuidando mis palabras para que no se alterara. Todo ocurría en la misma cama. Sé que parece inventado, pero así fue el sueño. En el último lapso, yo estaba colgada de una cuerda, con las muñecas atadas a un palo. Veía cómo el hombre usaba herramientas de sadomasoquismo para obtener placer. Yo sólo aguantaba, como si fuera algo habitual.

De repente, cuando estaba colgada, entraron dos hombres y una mujer. Los hombres tomaron al abusador y lo golpearon. El tipo cayó al piso, me bajaron y me sacaron en brazos de ese lugar. Afuera, el sitio tenía paredes de metal y daba paso a un campo abierto muy grande. Recuerdo que, después de que me sacaron, pude caminar y corrí hasta saltar una reja con la ayuda de la mujer y uno de los hombres. El otro hombre se devolvió y yo gritaba que no lo hiciera. Hubo un incendio en el lugar y lo vi en llamas a lo lejos, a través de la reja.

Abrí los ojos impresionada. Miré el reloj y eran como las seis de la mañana de ese viernes. Estaba en el hostal y me quedé helada. Pensé: *qué horror de sueño*. Creí que tenía que ver con la ubicación del hostal, tal vez con algo que había pasado allí antes y que me lo estaban mostrando. El edificio era viejo, en Elizabeth Street, en Sidney City. Pensé: *seguro esto ocurrió aquí.*

Cuando tengo sueños de este tipo, no me perturban, pero me dejan pensando en cuál es el mensaje, qué es lo que no logro ver o entender, y quiénes en esta vida representan los personajes del sueño.

Esa mañana, subí a la van a las 8 a. m. y emprendimos camino a Hunter Valley. Pasamos por el lindísimo Harbour Bridge, desde donde se puede ver la *Opera de Sidney* al lado derecho, y continuamos el trayecto hacia el viñedo. En el bus iban varias personas de diferentes nacionalidades: había un grupo de chilenos, una familia que llevaba al papá de tour porque estaba de visita en Australia, tres chicas con su padre y el novio de una de ellas. Se veían muy unidos. También había norteamericanos y europeos.

Después de dos horas de camino, cuando comenzamos a ver los paisajes, el conductor soltó la bomba al relatar:

—Bueno, hemos llegado a Hunter Valley. ¿Saben la historia real de este lugar? Los primeros habitantes blancos de esta zona, hoy conocidos como australianos, fueron en realidad convictos británicos. Este lugar tenía cárceles. Todo eso que ven eran antiguas prisiones.

Abrí los ojos y miré a la persona que tenía al lado. Le dije: «¿Cómo? ¿Es verdad lo que dice?». Mientras el conductor hablaba, busqué información en Google. Lo que encontré me dejó en shock.

Australia es una colonia británica. Cuando los ingleses la descubrieron, la convirtieron en una gran prisión y comenzaron a enviar a los presidiarios más peligrosos a distintos lugares de Melbourne y Sidney. Toda el área de Nueva Gales del Sur, donde está Sidney y este pueblo, Hunter Valley, fue donde principalmente se establecieron las primeras prisiones británicas.

En ese momento, mi mente conectó todo con mi sueño. Mientras seguía investigando, pensé: *esto fue un recuerdo de una vida pasada*. Una niña presa desde los seis años hasta la adolescencia, abusada, sometida a un hombre al que obedecía por miedo. Dios, parecía la historia de mi vida actual, sólo que con otro escenario.

Por supuesto, lloré cuando llegué al lugar. Hoy en día, Hunter Valley es un área de viñedos, con casas antiguas y campos abiertos, un sitio perfecto para bodas australianas. Pero yo veía más allá. Mientras me sentaba sola en el campo, pensaba: *¿Será que viví aquí? ¿Por qué volví a Australia después de tanto tiempo? ¿Mi alma buscaba revivir todo?*

Sé que esto quizá no tenga sentido para ti ahora, pero más adelante en el libro verás cómo todo encaja perfectamente.

Claramente, no me amargué el viaje; lo disfruté. Terminé siendo adoptada por la familia de chilenos. No sé por qué, pero le caí bien al papá de las chicas y a ellas también. Se portaron muy lindo conmigo. Me tocó en mis traumas familiares porque yo no tengo ese tipo de familia. Sin embargo, en mi interior agradecí muchísimo la posibilidad de conocer una familia tan hermosa. *¡Colombiana, ven!* Me llamaban para el almuerzo, para las fotos. Me preguntaban cómo había sido mi vida en Australia. Al final del día, nos despedimos con nostalgia. Pese a la sorpresa de la historia del conductor y mi sueño de la noche anterior, fue un viaje realmente inolvidable.

En todos los años que viví en Australia, jamás había ido a Hunter Valley. Había visitado otros lugares, incluso estuve cerca, en Newcastle, pero nunca allí. Todo pasa por una razón. Este viaje de vacaciones en Australia tenía que ver con perdonarme.

Cuando volví a Sidney, no quise regresar al hostal. Bajé para visitar *The Rocks*, la parte donde comenzó la construcción de la ciudad. Está frente a la Ópera de Sidney y tiene unos jardines hermosos junto a galerías. Es el lugar perfecto para sentarse, tomar un café o un vino y contemplar la vista del Harbour Bridge y la Ópera. Eso hice.

Para ese momento, ya estaba aprendiendo técnicas para canalizar, leer mi propia energía y conectar con el don que un *taita* me había dicho que tenía, algo que con el tiempo he confirmado: la clarividencia y la mediumnidad.

Un día, en una cita con un *taita*, me preguntó: —¿Usted cree que tiene dones despiertos? —No sé —le respondí—. Creo que todo el mundo tiene dones, pero no sé cuáles tengo yo.

En ese momento, apenas estaba comenzando mi camino con la ayahuasca. Un *taita* es como un chamán de la medicina. Este señor me dijo: «Usted tiene tres dones despiertos: la clarividencia, la mediumnidad y el don de la palabra. Es lo que veo en este momento».

Con una técnica que estaba practicando, hice la conexión interna conmigo para saber si el sueño que había tenido era un recuerdo de una vida pasada. La confirmación fue un rotundo *sí*. Luego pregunté quién era el personaje que me abusaba en el sueño, y la respuesta llegó: era alguien que existe en mi vida actual, alguien a quien conozco. Nos reencontramos en esta vida para saldar ese karma.

No lo he perdonado. En esa vida, no logré superar lo que me pasó y me suicidé.

También supe quiénes eran las personas que me rescataron en el sueño. Uno de ellos es un hombre que conocí en Australia, alguien con quien salí brevemente, pero a quien ignoré. No me interesó, y él jamás volvió a buscarme. Yo tampoco supe más de él. Al parecer, también intentó rescatarme en esta vida, mientras yo estaba perdida y «dormida» en mi vida en Sidney.

¡La vida presente es lo más importante!

Si alguna vez te has preguntado qué fuiste en vidas pasadas, mira tu vida actual. Todo lo que te apasiona en esta vida ya lo has hecho antes. Los talentos que tienes ya vienen contigo; son intrínsecos a la sabiduría de tu espíritu. Las personas que están en tu presente, las has amado antes o aún no las has perdonado por una razón. Y esa razón está representada en tu vida actual, casi como un repaso, un recordatorio, una materia pendiente que no has querido aprobar.

Tus padres, mamá y papá, tienen una deuda contigo, y tú con ellos. Es un camino de doble vía.

La gran mayoría de cosas que he descubierto sobre ese mundo sutil que pocos ven ha sido por mí misma, lo cual agradezco infinitamente. A veces soy muy escéptica con las lecturas, pero la ayahuasca y mis sueños me han mostrado la verdad de una manera tan clara que, de no ser por ellos, diría que todo es una farsa.

Si no has tenido oportunidad de explorar el tema de las vidas pasadas y paralelas, analiza un poco lo que vives. Toma las experiencias como aprendizajes que necesitas para evolucionar. Pero no las busques premeditadamente. Mi psicóloga, a quien conocí a través de la ayahuasca y quien lleva más de 16 años tomando la medicina, por ejemplo, no está de acuerdo con la exploración de vidas pasadas mediante regresiones, a menos que sea estrictamente necesario para sanar un tema que no ha salido por otros medios.

Las ocasiones en las que se me han mostrado vidas pasadas en la ayahuasca, jamás he preguntado directamente. Solamente se me han revelado para entender un contexto o para profundizar en una situación. Lo mismo me ha sucedido en sueños. Ese sueño en el que fui abusada por tantos años tiene un significado sanador muy importante en mi vida. Está directamente relacionado con los abusos sexuales que he repetido y con mi historia de vida en Australia.

Cuando la vida te presente la oportunidad de explorar las vidas pasadas, hazlo, pero suéltalo de inmediato. Aprende la lección, intégrala y continúa con tu vida presente. En la vida actual están las respuestas más importantes.

Fíjate, por ejemplo, en ese amor que no logras soltar. ¿Acaso fue igual en otra vida y en esta lo tienes que dejar ir? Esa mujer a la que no puedes perdonar por alguna razón, ¿será que has pasado muchas vidas intentando remediar esa relación?

En una vida pasada, tu padre pudo haber sido tu esposo. Pero realmente, la vida pasada pierde significado cuando nos centramos en el presente. La solución a nuestros conflictos está en sanar lo que estamos viviendo ahora.

Es importante hacer la exploración, pero sin anclarse. No porque en otra vida un amor quedó inconcluso significa que en esta deba darse. Si te obsesionas con ello, te quedas atrapado y no avanzas. Escribe la historia de manera diferente en esta vida actual. Aquí y ahora es donde tienes el control.

En la película *Alicia en el país de las maravillas*, el Señor del Tiempo le dice a Alicia: —No puedes cambiar el pasado, pero tal vez podrías aprender algo de él.

Alicia lo comprende cuando viaja en el tiempo y observa las cosas desde una nueva perspectiva. Se da cuenta de que, por más que quiera salvar el mundo, lo que está destinado a suceder, sucederá. La lección debe ser aprendida.

La exploración de las vidas pasadas y paralelas es para entender y soltar.

Hay mucho fanatismo al respecto. Cuando hacía canalizaciones y lecturas energéticas, veía la expectativa de la gente por saber si fueron reyes o personajes famosos. La verdad es que eso es irrelevante.

Si en algún momento llega información que necesitas saber, por ejemplo, si visitas un lugar y luego descubres que debías estar allí para sanar una parte de ti, ¡qué maravilla! Bienvenida sea la experiencia.

Somos energía y, en cada encarnación, dejamos una huella en la rejilla energética. Esa rejilla se encuentra en la cuarta dimensión, y de ahí provienen las canalizaciones, lecturas energéticas y otros procesos místicos. Es una información disponible en el Universo. Sin embargo, tu cerebro siempre se inclina hacia la interpretación que más le conviene, por lo que es fácil distorsionar la realidad según lo que deseas creer.

Si las canalizaciones energéticas de las personas tuvieran un aspecto físico, serían como la pantalla de códigos verdes que Neo veía en *Matrix*: flujos de información en constante movimiento. En este plano, somos energía que emite códigos a través de nuestras emociones y pensamientos. Esa energía se interconecta con otras energías y queda registrada no en una biblioteca de libros, sino en vibraciones que nos rodean.

Para comprender esto, tuve que estudiar, tomar cursos y experimentar muchas cosas en vivo y en directo a través de la ayahuasca.

En esta dimensión somos energía, y en otras también. Únicamente en la tercera dimensión poseemos materia.

El Universo es vasto en información, y el conocimiento de todos está disponible para quien logre conectar con su propio *Yo Superior*. No necesitas intermediarios ni pedir permiso a seres externos para acceder a la información que tu propio espíritu ha dejado a lo largo de sus vidas en los diferentes multiversos.

El camino hacia la sanación personal y la comprensión de nuestra historia es lo que abre los portales para que la información mística llegue a nosotros.

Enfócate en eso. No te distraigas con los egos que poseemos: con la idea de haber sido un príncipe o un cantante famoso, con la ilusión de que tu «llama gemela» te persigue o con la creencia de que en una vida pasada tu amor tóxico era tu gran amor.

Fíjate en tu presente, en lo que tienes ahora. Proyecta futuros posibles. Enfócate en la evolución de tu alma y espíritu, en alcanzar la paz interior y la claridad mental.

La información llegará exactamente cuando la necesites, como en este instante, mientras lees esto.

Las vidas pasadas son *tu presente*. Hónralas, pero suéltalas para seguir avanzando.

4. Las memorias ocultas del abuso sexual

LA PRIMERA VEZ que fui al psicólogo tenía tal vez unos 26 años. Estaban ocurriendo una serie de sucesos en mi vida que me hacían pensar que tenía serios problemas en mi personalidad, que algo estaba mal en mí.

Fue la primera vez que hablé sobre aquel extraño recuerdo que tenía desde los 10 años, la primera vez que lo abordaba en terapia. Estaba en el punto de finalmente aceptar que había sido víctima de abuso sexual. Porque, aunque lo había contado incluso a un exnovio, lo hablaba con tanta naturalidad, como si fuera algo normal. Mi propio subconsciente lo había normalizado. Lo que no sabía era que, desde que comencé a ser abusada, estaba en un estado de anestesia: no sentía nada, me disociaba y negaba el dolor desde todos los ángulos.

Cuando se examinan los temas de trauma severo desde diferentes perspectivas, lo que más se descubre como paciente es lo solo que uno se sintió en los momentos en los que más necesitaba apoyo y ayuda. Ese era el recuerdo que yo tenía más presente: la incomodidad con un hombre, algo que había sucedido, pero que no lograba entender muy bien. Otra cosa que sucede con el trauma complejo es que solemos bloquear épocas, días, años y muchas circunstancias relacionadas con el abuso. Es un mecanismo de supervivencia; de lo contrario, si uno recordara todo en carne viva, ¿quién podría vivir con tantos recuerdos de abusos sexuales? Mi más profundo saludo de compasión para quienes tienen los recuerdos vivos, porque sé lo que se siente cuando regresan. Son como si hubieran ocurrido hace cinco minutos.

Esa primera psicóloga que tuve realmente no me ayudó mucho. No sé si era demasiado joven o si simplemente mi alma ya conocía el camino. El caso es que, eventualmente, recurrí a otra profesional.

La segunda psicóloga tenía un enfoque psicoanalítico. Tampoco me funcionó. Sentía que hablaba demasiado y que era como en mi infancia, cuando hablaba con la pared sin recibir respuestas. No tenía ninguna guía en retorno.

Luego intenté con un psicólogo hombre que practicaba PNL (Programación Neurolingüística). Me ponía ejercicios para repetir frente al espejo una y otra vez. Me sentía tonta, pero los hacía, hasta que, dos meses después, me di cuenta de que definitivamente no era lo que me ayudaría. Seguía sintiéndome deprimida, sola y con la ansiedad por las nubes. En esos días, salía con una persona que despertaba muchos de mis traumas de manera brutal. Me la pasaba llorando y diciéndome que no tenía remedio, que estaba mal de la cabeza.

Después contacté a otra psicóloga: mi querida Liz. Fue la primera mujer que me dio luz sobre una solución. Ella había trabajado durante varios años con el Bienestar Familiar en Colombia, una organización que protege a niños abandonados, así que tenía experiencia tratando traumas infantiles.

Recuerdo que desde la primera cita dio en el punto exacto. Me dijo: «Moni, tienes mucho dolor, muchos temas que resolver con tus papás. Llevas muchas heridas de infancia. Si no resuelves los problemas con tus padres, nunca vas a ser feliz».

Para mí fue como en el programa mexicano *La Rosa de Guadalupe*, cuando el protagonista recibe la respuesta en el clímax del capítulo, el viento sopla y todo cobra sentido. Fue una revelación. Todos los psicólogos anteriores no habían mencionado ese detalle, no habían tocado la raíz del problema. Nadie había tenido una apreciación de mis dificultades desde esa perspectiva.

«Tienes muchos traumas infantiles», me dijo.

Le respondí: «Bueno, ¿qué tengo que hacer? Quiero sanar todo desde la raíz».

¡Oh, Dios! Yo y mis afirmaciones… *Sanar desde la raíz* es una afirmación muy profunda. Cuidado con lo que deseas, porque casi siempre se cumple.

Llevaba unos meses en terapia con Liz cuando me encontré en una cena con mi buena amiga Carolina. Era la época del COVID, a comienzos de 2021. Carolina me contó cómo, en una ceremonia de ayahuasca, la planta le había mostrado su propósito de vida. Fue ella quien me abrió la puerta a la ayahuasca. Gracias a su testimonio, finalmente supe que esta planta podía hacer algo en mí. Años atrás me habían hablado de la ayahuasca, pero los relatos siempre eran vagos y estaban llenos de miedo. El testimonio de Carolina fue muy diferente.

Desde ese mismo mes comencé mi búsqueda de una comunidad para tomar la medicina. Encontré una y empecé mi proceso, siempre en conjunto con Liz, mi psicóloga. En los primeros meses avancé mucho y empecé a sentirme mejor, sobre todo en temas de ansiedad.

Después de unos meses en la comunidad, conocí a quien sería mi psicóloga por casi tres años: Alejandra. Me pareció oportuno hacer el cambio porque ella llevaba muchos años trabajando con la medicina, alrededor de 15, y ayudaba a entender los procesos psicológicos y de sanación que ocurrían en la ayahuasca. Fue lo mejor que me pudo pasar. Todos los temas que surgían en las ceremonias los abordábamos en terapia, lo que me permitía un entendimiento más profundo y, además, realizar el trabajo necesario fuera de las ceremonias.

Puedes tomar toda la ayahuasca que quieras, pero si no integras lo que experimentas, si no trabajas en ti mismo fuera de la ceremonia, si no tomas decisiones, no te servirá de nada. La ayahuasca es como un lago fantástico en el que el agua te refleja todos los escenarios como una película en 3D. Te muestra personajes, posibles futuros, los que crees que son villanos y los caminos hacia la sanación. Pero, al final, la decisión es tuya. Si sigues haciendo lo mismo todos los días de tu vida, puedes beber litros de ayahuasca, consumir hongos o cualquier planta medicinal y seguir en el mismo punto por años.

Durante todo el proceso de toma de ayahuasca y terapia, yo juré que ya había resuelto lo de mi abuso sexual. En una ceremonia lo había llorado un poco y, como ya lo había tratado en terapia, pensé que el tema estaba cerrado.

Pero resultó que no. La sanación no es sólo como una cebolla con capas que se van deshojando. Entre las muchas cosas que he aprendido, entendí que se parece más a un laberinto, a una espiral. Puedes alejarte de casa, pero en algún momento tendrás que ir al centro de ti mismo. A lo profundo, a la raíz del ser, y sólo ahí encontrarás la verdadera sanación. Ese encuentro con el núcleo del laberinto, con la cúspide de la espiral, es la sanación más profunda. Porque solamente después de haber llegado allí, puedes tomar el camino de salida, pero no sin haber enfrentado la raíz del problema. Ese camino de salida puede llevarte a distintos lugares, a nuevas oportunidades, a otros propósitos, pero el verdadero fin del laberinto es hacerte regresar al centro de tu corazón.

A principios de 2024, mientras estudiaba a María Magdalena, comenzaron a intensificarse ciertos sueños. En ellos, me sentía abusada sexualmente por una persona cercana a mí. Los escenarios se repetían una y otra vez, con el mismo mensaje y el mismo personaje. Fue así por más de un año. Incluso pude ver en los sueños a personas cercanas que eran espectadoras, pero aun así no lograba descifrar el mensaje.

Llevé el tema a terapia en varias ocasiones y le pregunté a mi terapeuta: «¿Cómo era posible que, después de todo lo que había sanado y trabajado, estos recuerdos aparecieran ahora?».

Fue entonces cuando decidí tomar ayahuasca de nuevo. Después de una serie de eventos desafortunados y del miedo que tenía por todo lo que ya había limpiado en mí, había decidido darme un descanso. Pero los sueños persistentes, las sensaciones con las que despertaba, el llanto incontrolable en las madrugadas porque sentía que una memoria de abuso sexual estaba emergiendo dentro de mí, eran razones suficientes para querer volver a una ceremonia.

Desde el inicio de esa toma de ayahuasca, ya intuía que trataría algo relacionado con los abusos sexuales. Cuando la planta comenzó a hacer efecto, sentí una sensación horrible: me sentía usada, tocada, sentí que me orinaba y me invadió una profunda desesperación. Recuerdo haber llorado junto a una amiga y preguntarle: «¿Cómo reacciona una persona cuando es abusada? ¿Se actúa como yo lo hice? ¿Una persona abusada es así como yo era?».

Lloré mucho. Era un dolor demasiado fuerte. Ese llanto que salía de lo más profundo de mi ser, de la panza. Y entonces llegó el recuerdo más impresionante que jamás imaginé: fui abusada desde que era una niña.

Con una tristeza desgarradora y un profundo desespero, grité desde el fondo de mi alma por mi cuerpo. Recuerdo abrazarme y gritar: «¡Mi cuerpo, mi cuerpo! ¿Por qué mi cuerpo?». Era como despertar de un letargo, de un estado de inconsciencia que había durado toda mi vida.

Recordé entonces que nunca había abordado el tema del abuso con esa profundidad. Le dije tantas cosas a mi amiga mientras lloraba con desesperación. Aquella ceremonia era sólo de mujeres, lo que me hizo sentir segura para gritar todo el dolor que tenía dentro. Me senté en una silla y tomé la mano de mi amiga mientras, en el mismo trance, liberaba todo el dolor. Gritaba con desesperación: «¡Mi cuerpo, mi cuerpo!». Eran recuerdos llenos de dolor, de escalofríos, de desespero. Era el llanto de una niña que pedía ayuda, pero que, al mismo tiempo, se sentía frustrada porque nadie la escuchaba.

El problema fue que me negué a aceptar la respuesta que me dio la ayahuasca. Dudé de todo por completo. Me negué rotundamente a aceptar que todo eso me había pasado. Y aun así, después de esa ceremonia, los sueños no pararon. Era como si el recuerdo estuviera impreso en mi piel, como una sombra que me perseguía.

Los sueños sólo se detuvieron cuando, finalmente, acepté que eran reales. Y aceptar la verdad me tomó más de un año.

Me recuerda las veces en que uno está atrapado en una relación sentimental tóxica, siendo maltratada, abusada, envuelta en mentiras, pero se niega a ver la realidad, a decirle adiós a esa persona, a poner un alto definitivo.

Gracias a la mano de esta persona que estaba conmigo en la ceremonia, me permití volver a mí. Dejé de gritar y llorar y comencé a respirar más lento. Ese instante intenso comenzó a calmarse y, de repente, una voz dentro de mí me dijo: *Pero yo me amo.* Luego lo dije en voz alta: «¡Ya no es así! Ahora me amo mucho. He aprendido a amarme, sé que estoy aprendiendo a amarme y hace mucho que me respeto». Entonces vino el entendimiento y vomité. Vomité con tanta fuerza que la garganta me ardía.

Así funciona la medicina. El vómito no es sólo vómito, es sabiduría, es aprendizaje. Es entender, soltar, aceptar. Es decir: *Quiero sanar, esto no me pertenece.*

Ese día tuve entendimiento. Comprendí los abusos en mi familia, de dónde venían los abusos a mujeres, por qué se daban y cómo funciona la energía sexual tanto en el plano físico como en el astral.

Si no respetas tu cuerpo en el mundo físico, no esperes respeto en el mundo sutil. Afuera, la mayoría del tiempo eres inconsciente de tu energía sexual, y cuando eso sucede, también pueden ocurrir cosas en las ceremonias con plantas, en rituales, en prácticas espirituales. Porque, como es adentro, es afuera. Si no te respetas en el plano material, ¿por qué habrían de respetarte en los aspectos sutiles de la energía? O mejor dicho, deberían respetarte, pero la vulnerabilidad energética facilita el acceso a esa energía.

El abuso sexual, en algún momento, siempre sale a la luz, por más que el abusador intente ocultarlo o crea que lo hizo muy bien. Yo sufrí mucha manipulación mental y emocional, una distorsión total de la realidad. Por eso no recordaba el abuso que sufrí desde muy niña.

Concéntrate en la terapia y ten fe. Si tienes alguna sospecha, un recuerdo vago o una infancia con lagunas, la verdad saldrá a la luz en el momento indicado. En estos tiempos, *nada está oculto, nada.*

Le preguntaba a la ayahuasca: *¿Por qué hasta ahora?* Y me respondió: *Porque ahora sí estás lista para afrontarlo.*

De todas formas, quiero que sepas que sólo con la ceremonia no se resuelven las cosas. Después de eso, pasé varias semanas en las que lloré mucho y trataba de poner mis pensamientos en orden con todo lo que se me había mostrado.

5. La sanación del abuso

PARA EL MOMENTO en que descubrí que había sido abusada cuando era apenas una niña, mucho más pequeña de lo que recordaba, ya había leído un poco sobre María Magdalena y tenía el conocimiento de que ella era mi guía. Así que quise confirmar si nos habíamos conocido en algún otro momento.

Estoy segura de que María Magdalena no solamente tocó mi vida y que no soy la única mujer que la ha conocido en otras vidas. María Magdalena fue una mujer peregrina, poseedora de un gran conocimiento; enseñaba y sanaba con su sabiduría de Mirrófora, con su conocimiento en aceites. Por algo fue la mujer que ungió a Jesús con los aceites sagrados. Así que, así como yo, muchas otras mujeres la han conocido, mujeres que caminaron en su época cuando vivió con Jesús, cuando estuvo en el sur de Francia y seguramente en otros lugares por donde peregrinó.

Para mí es claro que, aunque no hay un registro escrito, María Magdalena seguramente recorrió distintos lugares, entre ellos Inglaterra. Su esencia, su presencia femenina y sanadora, la sentí muy presente en Glastonbury.

Después de esa toma de ayahuasca, me resultó muy difícil aceptar quién había sido mi agresor a tan corta edad, a pesar de que todo mi proceso con la medicina parecía haberme estado preparando para esa revelación. En una ceremonia, incluso vi la muerte de esa persona, y pensé que se trataba de una muerte física. Pasé por todo el proceso de duelo y de aceptación, creyendo que su partida era inminente. Sin embargo, con el tiempo entendí que la visión no era sobre su muerte física, sino sobre la muerte emocional de su presencia en mi vida. La planta me estaba preparando para recibir la noticia de que él me había abusado desde que era muy pequeña.

Días después, comenzaron a llegar recuerdos de sucesos que había vivido en mi infancia. Comencé a recordar ciertas conductas extrañas que tuve desde niña. Tenía un desorden sexual desde muy temprana edad; esos abusos habían empezado cuando era muy niña y se repitieron en varias ocasiones. Con el tiempo, desarrollé una distorsión y una exploración sexual inusual para mi edad, algo que nunca compartí con nadie. Ahora, a mis 36 años, tengo la claridad de que todo había estado mal desde hace mucho tiempo.

Tenía una contradicción y confusión tremendas hacia los hombres, hacia el género masculino, hacia la figura paterna y la autoridad. Porque, ¿qué se puede esperar de una niña que experimenta semejantes sucesos sexuales a tan corta edad? Fui abusada por hombres cercanos a mi vida. ¿Qué podía esperar más adelante? De niña, no entendía. Crecí creyendo que así eran las conexiones con los hombres. Desde la infancia hasta los 35 años, sufrí una disociación de mi cuerpo.

Tenía un trastorno de estrés postraumático complejo, disonancia cognitiva, depresión severa. Mi mente era como un nido. Había sufrido una manipulación tremenda por parte de mis agresores: me compraban regalos y me daban dinero para que guardara silencio. Recibía objetos materiales, muñecas, peluches, como si fueran una forma de comprar mi silencio. Todo eso creó una maraña de confusión en mi cabeza.

Aún me sorprende cómo, a pesar de todo esto, tuve la lucidez suficiente para desenvolverme en muchas áreas de mi vida. Sin embargo, en relaciones, tanto con hombres como con mujeres (amistades), fui un desastre. No era capaz de reconocer a un hombre bueno; siempre me sentía atraída por el abusador. Y si me manipulaban con dinero o regalos, mejor. Tenía una rabia interna muy fuerte contra los hombres. Me veía como un objeto para ellos. Y con las mujeres, la relación era aún peor. Durante la época de abusos, no tenía la capacidad de hablar, pero lo manifestaba de otras maneras: robando prendas femeninas de mujeres adultas, quemando vestidos, rechazando mi cuerpo, maltratándolo, descuidando mi higiene.

Recuerdo perfectamente que, de niña, a cierta edad, solía hacerme del cuerpo en los pantalones constantemente. Ahora sé por qué: era una forma inconsciente de defensa, una manera de alejar a mi agresor. No podía hablar, así que mi cuerpo buscaba formas de repeler el abuso. En la adolescencia, esto se manifestó en mi relación con un novio muy tóxico que, por supuesto, también me manipulaba financieramente mientras ejercía el papel del padre ausente emocionalmente.

Tuve varias semanas de depresión luego de esa ceremonia. Lo traté con la psicóloga. Fue una noticia muy dura, pero ya llevaba haciendo un buen trabajo en mí. Había sanado otros aspectos. Si lo hubiera sabido antes, no habría tenido cómo salir de ahí. Aunque fue un golpe difícil, todo lo que sentí en la toma se multiplicó por cincuenta. Sabía que tenía que levantarme y, sobre todo, sabía que ahora tenía la fuerza mental, emocional y las herramientas necesarias para salir adelante.

El día anterior a esa ceremonia vi en la calle, en el suelo, la piel de una serpiente negra mientras caminaba. Me pareció extraño. Luego, en la ceremonia, entendí que era una señal de sanación relacionada con mi energía kundalini.

María Magdalena jamás llegará a tu vida por casualidad. Llegará para ayudarte a enfrentar los demonios que supuestamente ella tenía, para enseñarte que tu cuerpo es un templo y que tu sexualidad merece respeto. Se revelará la verdad de muchas cosas en tu vida. Es un camino de profunda aceptación de tu existencia como mujer o como hombre, una integración de la polaridad femenina, que ha sido negada por siglos y siglos. Mucho antes de ella, la distorsión y denigración de la figura femenina han sido parte de la historia. Pero con su propia historia y la tergiversación de su nombre, podemos ver cómo ha sido una de las mujeres más malinterpretadas de nuestra era.

Eso fue lo que ella hizo en mí desde el momento en que su imagen apareció en mi mano. Muchos velos comenzaron a caer; empecé a ver la verdadera cara de quienes había idolatrado debido a mi falta de amor propio o, tal vez, por mi necesidad de sanar mi historia.

Sí, en la sanación del abuso sexual entra María Magdalena. Lo sé porque lo he leído, lo he visto en otras mujeres y porque he comprendido que la semilla de consciencia que ella deja es para la sanación de la distorsión y del abuso hacia lo femenino.

Hablo desde mi propia experiencia. Si eres hombre o mujer y María Magdalena ha llegado a tu vida, ella te enseñará muchas cosas si te lo permites: cosas sobre ti, sobre el cuerpo que habitas, sobre los perdones internos, las causas y las consecuencias.

Como soy una persona persistente, sabía que mi psicóloga no me ayudaría a resolver quién había sido mi abusador. Ella siempre ha creído que no es necesario hacer regresiones y me cuestionaba por qué quería saber el nombre o la identidad de quien me había hecho daño. Para mí, era necesario. Necesitaba paz.

Intenté hacer una regresión con una psiquiatra, pero sólo veía oscuridad. Sentía que alguien tapaba mi cara mientras me abusaba y yo no hacía nada, simplemente lo aceptaba. Fue una experiencia dolorosa. Vi y sentí cosas horribles, pero aun así, no logré identificar quién era. No sentí que fuera el camino ideal, porque con las regresiones es fácil sugestionarse. Además, mis dones de clarividencia me permiten ver otro tipo de cosas, así que decidí dejarlo ahí, en una sola sesión.

Fue entonces cuando descubrí la terapia EMDR, una técnica que utiliza el movimiento ocular con luces que van de un lado a otro. Durante la sesión, permaneces completamente despierto y sentado frente a una especie de semáforo de luces. Tus ojos siguen el movimiento mientras hablas sobre el tema que deseas tratar. Leí que esta terapia era muy efectiva en casos de trauma, así que me decidí a probarla.

Esta terapeuta fue la número seis y la última. Tuvimos algunas sesiones de preparación y luego abordamos el tema directamente. Trabajamos sobre recuerdos específicos que tenía. Había mucha rabia reprimida, pero, sobre todo, una falta de expresión hacia las situaciones que viví. Más allá de lo que pudiera ver o recordar, lo sentía. Sentía una frustración inmensa porque tenía unas ganas tremendas de gritar, pero no podía.

Gracias a esta terapia, logré desbloquear varias emociones que me impedían ver la verdad con claridad. Después de algunos meses, tuve la confirmación de quién fue, con toda certeza, uno de los abusadores. Fue un entendimiento repentino, un *aha moment*, como lo llaman en inglés.

Pude recordar la sensación de nuevo, pero esta vez con más compasión hacia mí misma, no con el grito de desesperación que solté en la ceremonia de ayahuasca. Aun así, fueron sesiones profundas y desafiantes.

Tuve dos sesiones de terapia más con esta psicóloga y luego me despedí. Ya tenía mi respuesta, ya no quería seguir escarbando más en nada. Fue una conclusión a la que llegué en una de esas noches de profundo entendimiento, mientras me quedaba mirando al techo porque no lograba dormir. Dije: «Ya está bien». Por supuesto, si sigo escarbando, siempre saldrá algo, pero quiero paz. La he buscado por mucho tiempo, la merezco.

La sanación puede ser eterna si uno quiere, porque siempre hay algo que sanar. Hablaba con una de mis psicólogas un día, y ella me decía: «Moni, yo creo que la sanación es la vida misma, siempre vamos al fondo, al fondo, al fondo». Resistirse a sanar es casi como creer que somos perfectos, cuando en realidad vinimos a este plano porque somos un proyecto en constante evolución.

Los abusos sexuales son generacionales. En el caso de mi familia, había un patrón de odio a los hombres, por eso yo también los odiaba. No había tenido protección. Tal vez, pienso que, debido a sus propios dolores, los adultos no tuvieron la madurez emocional para afrontar lo que pasaba. Para mí, en mi inconsciente, todos los hombres eran culpables. La figura masculina, en mi mente, era una completa distorsión.

Por eso, para una mujer que ha sido abusada, es primordial sanar su historia. De lo contrario, su alma y su cuerpo siempre estarán batallando para darle claridad a todo lo que siente. Siempre tendrá una guerra con el sexo que la maltrató, porque el inconsciente busca, de cierta manera, arreglar todo eso que pasó.

Yo comencé las terapias de EMDR antes de hacer el viaje a Inglaterra, en busca de las huellas de María Magdalena. Cuando hice el viaje, aún no tenía la certeza de quién había sido mi agresor. Pasaron cosas hermosas en el viaje, y cuando regresé, fue dos sesiones después cuando vino la claridad.

Después, se presentó la oportunidad de ir también al sur de Francia. Ya finalizando el viaje a Inglaterra, pensaba que tenía que ir a Francia. Cuando volví a Colombia, tenía dudas sobre hacerlo, pero considero que este es el viaje que una mujer buscadora de la verdad de María Magdalena debe hacer si su alma la llama. Fue allí donde ella vivió y murió.

Sanar el abuso sexual ha sido un camino largo. Me ha llevado a conocer muchos terapeutas, a vivir muchas tomas de ayahuasca, a probar otro tipo de terapias psiquiátricas y a tener muchas conversaciones fuertes que, si me preguntas, son las más sanadoras.

Sentarte a hablar con tus familiares y decirles: «Oigan, me abusaron», no es sencillo. No por ellos, sino porque la gente casi nunca sabe qué hacer con esa información. Muchos cambian de tema, se hacen los locos, como si el asunto no tuviera que ver con ellos. Otros simplemente dicen «Oh, qué terrible» y toman actitudes evasivas. Algunos sienten morbo y quieren saber cada detalle, como si fuera una película. Muy pocas veces hay un acompañamiento genuino, y cuando lo hay, suele venir de personas que han pasado por procesos terapéuticos largos y similares.

La reacción de la gente siempre es rara y compleja. Muchos negarán la situación, te harán creer que estás loca, te dirán que guardes prudencia. Incluso, si confrontas a la persona que te abusó, lo negará una y otra vez, porque parte del trabajo del abusador es seguir generando manipulación mental y disonancia cognitiva. Pero el cuerpo jamás miente, y mucho menos cuando la memoria vuelve. Vas a sentir fastidio estando cerca de esa persona, vas a sentir asco, repulsión. Comenzarás a ver patrones que antes no veías, como la omisión de información y la mentira. Poco a poco, la persona se irá mostrando ante tus ojos tal como es, hasta que finalmente juntes las piezas y digas: «Ok, lo acepto».

No es momento de guardar prudencia sobre los abusos sexuales. ¡NO ES MOMENTO! ¡ES MOMENTO DE GRITAR LA VERDAD! Así incomode a quien tenga que incomodar. ¿Por qué tengo que guardar prudencia si llevo años guardando este secreto que me ha llevado a miles de muertes en vida? ¿Para qué lo guardo? ¿Para seguir el mismo patrón que seguramente te dijo el abusador? «Guárdame este secreto».

Los secretos familiares son lo que más daño hace a los clanes. Son cosas que siempre se repiten, que se ven, que se sospechan, pero de las que nadie habla nunca. Por eso luego se manifiestan en enfermedades graves, porque son dolores generacionales y rencores que se arrastran desde hace mucho. Solamente la voz de quien busca ser escuchado puede sacar eso de su garganta, gritar la injusticia, denunciar la transgresión de los límites de su cuerpo.

No calles. Si fuiste abusada, primero gestiona ese dolor en terapia, con libros, con la medicina de las plantas ancestrales, con terapias alternativas, con lo que consideres necesario. Pero cuando llegue el momento, sácalo a la luz, dilo. Si fue tu papá, tu tío, tu hermano, tu abuelo…, dilo. Tú no vas a destruir ninguna familia; vas a sanar tu historia. Y estoy plenamente segura de que también sanarás un patrón de abuso en todo tu árbol genealógico. Además, te demostrarás amor a ti misma. Dejarás de darle complicidad al abusador.

Probablemente tu abuelo fue abusado y jamás lo dijo. O fue una tía. O la bisabuela. El llamado de la consciencia es para los valientes, no para los que titubean. Las personas con historias más duras las tienen por una razón: tienen el coraje y la valentía para sanarlas, tienen el carácter para cambiar el rumbo y poner luz.

Un abuso sexual rompe y fragmenta el aura de quien es abusado. Es decir, si fuiste abusada sexualmente y aún no has sanado, tu aura tiene grietas. Este es un tema que aprendí y profundicé cuando comencé a estudiar psiquismo.

La psique de una persona abusada se trastorna y se distorsiona porque su *cuerpo etérico* se fragmenta. Esto ocurre con cualquier suceso traumático: abuso, accidentes, violencia extrema. Por eso el alma busca la sanación.

Cuando el aura se rompe, imagina una tela hermosa de satín fino, pero con pequeñas picaduras de polilla. Una persona con el aura fragmentada es más propensa a que le sigan ocurriendo eventos traumáticos, porque su energía está debilitada. Su psique sigue maltratándose porque, en realidad, no entiende lo que ocurre a nivel consciente, especialmente en la infancia.

Hablando espiritualmente, una persona abusada es más vulnerable a sucesos paranormales. Lo creo completamente. Porque su discernimiento no está presente, la distorsión entre lo que está bien o mal está completamente alterada.

Todos los sucesos paranormales que he experimentado en mi vida… No sé si sean consecuencia de ese abuso. Lo que sí sé es que una parte de mi alma estaba perdida, fragmentada, y yo sólo buscaba encontrarla. Y se fragmentó desde el momento en que fui abusada sexualmente.

6. *La promiscuidad*

DESDE MUY TEMPRANA edad comencé a experimentar una distorsión en mi sexualidad, aunque sólo llegué a comprenderla en mi adultez. Sin embargo, desde niña tenía comportamientos que, para una persona experta en el tema, habrían sido fáciles de identificar. El problema es que nunca di señales evidentes, porque era una niña muy deprimida; pasaba gran parte del tiempo llorando. Lloraba porque mi mamá no estaba, porque no quería a la esposa de mi papá, porque me sentía muy sola y vivía en constante soledad.

Lo que me salvó en esa época fue escribir. Llenaba hojas y diarios completos, escribiendo sin parar; era la única forma en la que podía liberar todo lo que tenía dentro. Me tomó muchos años volver a escribir un diario en el que pudiera expresar mis pensamientos con libertad.

En el colegio tuve muy pocas amigas. Desde pequeña, pasaba de una familia a otra, experimentando constantes cambios y viviendo en comparación material y económica con otras personas de mi familia o con la familia en la que estuviera en ese momento.

Tuve mi primer novio a los 17 años, pero desde mucho antes ya había iniciado una exploración sexual de manera distorsionada y compleja.

El último abuso que recuerdo ocurrió cuando tenía alrededor de 10 años. En ese momento, decidí marcharme. Con apenas 9 o 10 años, tomé un bus sola, asustada, y viajé de una ciudad a otra. Ese es el recuerdo que tengo. Creo que fue en ese instante cuando puse fin a esa etapa de abusos en mi infancia. Ese recuerdo, que aún sigue tan vivo en mi memoria como si hubiera ocurrido ayer, fue lo que me llevó a buscar ayuda psicológica y a comenzar a entender lo que me había pasado.

Con mi novio de los 17 años, por supuesto, empecé a tener experiencias sexuales con mayor frecuencia y poco a poco fui desarrollando una adicción a la masturbación y al sexo.

A lo largo de esa relación, muchas veces acepté tener relaciones sexuales sin realmente quererlo, en circunstancias que no deseaba. Era muy joven, estaba enamorada y seguramente pensaba que así eran las relaciones. No tenía una figura de estabilidad en mi vida ni alguien que me orientara, así que hice lo que pude. La traición y las múltiples infidelidades de este novio me llevaron a una depresión aún más profunda, pero, al mismo tiempo, me ayudaron a salir de esa relación.

Después de esa experiencia, comencé a involucrarme en citas cortas y relaciones de una sola noche. Todos los hombres con los que salía sólo parecían relacionarse conmigo desde lo sexual; no encontraba otra manera de conectar con ellos. Siento una gran nostalgia al escribir esto. ¿Cómo era posible que no supiera construir una relación basada en algo más que el sexo? Las visitas siempre terminaban en sexo, las salidas también…, todo giraba en torno a lo mismo. Y yo me sentía vacía, porque en realidad lo que estaba buscando era amor. Tenía una profunda herida de abandono; solamente anhelaba amor.

En esa época, empecé a sentir una atracción hacia hombres emocionalmente inaccesibles. Me sentía atraída por aquellos que únicamente buscaban sexo y nada más. No entendía por qué, pero así era. También me parecía esencial que tuvieran dinero. Si no eran capaces de darme o proveerme algo material, entonces no me servían.

En mi cabeza tenía una frase que alguien muy cercano a mí me había dicho, una persona tan herida como yo, aunque en ese momento no lo veía: «Los hombres sólo se usan y se tiran».

Por esa época, una de las únicas relaciones sanas que tuve fue en la universidad. Era un hombre maravilloso y generoso en su amor, y aún lo recuerdo con mucho cariño. Creo que fue la única vez que me sentí realmente amada y correspondida. Fueron pocos meses, una relación corta en la que me sentí querida, pero como las relaciones sanas no funcionan para las personas inconscientes y, sobre todo, con traumas complejos, fui yo quien buscó diferentes hombres para llenar la relación de toxicidad. Finalmente, la relación terminó porque me rodeé de hombres inestables, promiscuos como yo, que no querían compromisos, que sólo buscaban relaciones basadas en el sexo, adictos a las fiestas, a las drogas, al alcohol, hombres heridos en su lado femenino, buscando una madre en todas partes. Para mí, ese tipo de hombre era mucho más atractivo que una relación estable.

Cuando tenía unos 22 años, entré al mundo corporativo. Ya tenía un poco más de poder adquisitivo, diferentes amistades, distintos contactos. Fue entonces cuando me di cuenta de que los hombres mayores se sentían atraídos hacia mí de una manera que me resultaba extraña y, a veces, incómoda. En algunos casos, me llamaban la atención hombres de alrededor de 40 años, pero cuando eran mucho mayores, me parecía grotesco.

Aun así, ciertos hombres mostraban un interés especial en mí, que yo percibía como una atención paternal, aunque ellos lo interpretaban de otra manera.

Esa época fue muy compleja. Me la pasaba de fiesta, bebía mucho alcohol, casi todos los días salía a bares, tenía relaciones con cualquier persona que encontraba, me besaba con amigas mujeres, permitía que otros hombres me tocaran cuando estaba borracha, y yo, disociada, nunca decía nada. Nunca protestaba. No tenía límites en lo sexual. Era como si, en cuanto un hombre se me acercara, yo ya supiera lo que iba a pasar y entendiera cómo debía comportarme. Siempre, siempre me quedaba muda, completamente incapaz de moverme. Me disociaba de inmediato, fijando la vista en una pared, en una bombilla, en una silla. Sabía que algo estaba pasando, pero fingía indiferencia.

Estaba completamente desconectada de mi mente, mi cuerpo y mis emociones.

Cuando analicé estas situaciones con mi psicóloga, comprendí por qué nunca recurrí al alcohol o las drogas con regularidad: porque mi inconsciente ya sabía perfectamente cómo disociarse. Ese estado de desconexión era casi mi estado normal cuando había intimidad de por medio.

Al leer esto, mucha gente que me conoce podría preguntarse: ¿Por qué ella cuenta todo esto?

Y, en el fondo, si no han hecho un trabajo de consciencia, jamás lo entenderán. Pero sé que para mí es liberador y que para otras personas será sanador, así como lo está siendo para mí. Escribir me permite ver qué situaciones todavía me duelen y cuáles puedo observar con distancia. Estoy sanando la vergüenza, el pudor, el miedo a mostrar mi sombra y quién realmente soy.

Por supuesto, también estoy sanando la eterna necesidad del abusado de ser escuchado, de ser visto, de que, por fin, alguien entienda por lo que pasé. Una persona que ha sido abusada carga con esta herida de atención en su piel, porque jamás fuimos atendidos ni escuchados. Tal vez esta es mi forma de sanar esa parte de mí.

Como sociedad, hemos normalizado la idea de que ahora las mujeres deben ser las que inviten a la cama, que deben proponer el sexo primero, que no deben ser «mojigatas», y que acostarse con alguien en la primera cita es lo más normal del mundo. Y así lo hice. Ya ni recuerdo todas las veces que fui yo quien insinuó el encuentro con un hombre, quien los invitó a mi casa, quien abrió la puerta para que me violentaran, me golpearan, me humillaran y me hicieran diferentes cosas mientras teníamos relaciones sexuales.

¿Cómo se llamaría esto en psicología? Lo analicé con mi terapeuta, y es una forma de autoflagelación. Permitir que en el sexo se sobrepasen ciertos límites y que las relaciones íntimas se conviertan en prácticas sadomasoquistas, donde hay golpes, agresiones y mordidas, era mi forma de darles permiso para seguir abusando de mí. Después, yo me convertía en víctima.

Lo acepté en todo mi proceso de sanación. Sé que hasta cierta edad fui abusada, pero también sé que abrí puertas para que otros hombres siguieran abusando de mí.

Creo que hasta que no tocamos fondo, no reaccionamos. Mi terapeuta me decía: «Moni, a veces la gente que no quiere sanar simplemente no ha comido suficiente mierda».

Yo me impregné del lema distorsionado de la mujer moderna: «Viva la mujer liberada». Tenía un trabajo corporativo y estaba más dormida que nunca. Vivía rodeada de un mundo que solamente giraba en torno al dinero y los títulos, donde lo único que importaba era qué cargo tenías, cuánto ganabas y cómo ibas a ascender. Aunque vi a muchas mujeres acostarse con sus jefes para obtener un ascenso, yo nunca lo hice. Nunca tuve ninguna relación con un jefe en mi trabajo.

Tenía un círculo de amigos en la banca y en la bolsa de valores, personas que, con el tiempo, me di cuenta de que tenían más problemas psicológicos que yo. Recuerdo haberme dejado seducir por uno de ellos, bajo la promesa de que me daría cosas materiales si me acostaba con él. Y yo accedí. Él estaba casado, pero a mí no me importó. Fue una de esas situaciones en las que me sentí completamente desconectada y disociada de mi cuerpo. Para él, fui un trofeo. Yo era mucho menor que él, y fue un halago para su ego contarles a todos nuestros amigos en común que había conseguido acostarse conmigo. Yo fui la sucia y la traviesa, pero él no. Como era de esperarse, él fue el héroe de la historia: Superman. Yo, en cambio, fui la fulana, la amiga puta.

Ese suceso fue un punto de inflexión. Me observé a mí misma en situaciones futuras y me di cuenta de que, literalmente, estaba vendiendo mi cuerpo. Fue en ese momento cuando comenzó la verdadera representación de mi abuso sexual.

Empecé a salir con hombres por interés. Era lo único que tenía en la mente: si no había un intercambio material a mi favor, no había nada. Tuve un amigo que sólo necesitaba llamarme y yo, como una ciega, accedía a hacer lo que él quisiera sin cuestionar nada. Era increíble cómo sucedía. Nos encontrábamos para tomar algo o comer, y, de forma automática, terminaba en su casa accediendo a todo lo que él quisiera. Cuando teníamos relaciones, solamente miraba el techo. No sentía nada. Pero hay algo curioso: después de esas citas, me iba a mi casa a llorar porque él no me llamaba o porque no me pedía que fuéramos novios. Era absurdo, ilógico, pero real.

Estaba vendiendo mi cuerpo por objetos, por cariño, por paseos. Lo regalaba también. Sin darme cuenta, estaba repitiendo la misma historia de mi infancia. Lo entendí de adulta, porque había borrado por completo esos recuerdos. Fue gracias a la terapia, a los sueños y a la ayahuasca que vi la conexión: cuando era niña y estaba siendo abusada, me daban regalos, osos de peluche y dinero. Por eso repetí la historia de adulta. Estaba atrapada en un círculo vicioso sin entenderlo. Recreaba una y otra vez la historia del abuso. Daba mi cuerpo a cambio de algo.

Me pregunto cuántas niñas y mujeres en prostíbulos, en casas de citas o en situaciones similares han vivido la misma historia que yo. Cuántas están atrapadas, repitiendo sin cesar el patrón del abusador.

Dejarse tocar a cambio de algo. Porque, ¿de qué otra forma pueden manipular a un niño para someterlo a tanto? Sí, con violencia emocional, claro. Pero si uno se fija en películas sobre estos temas, siempre hay un regalo de por medio. Eso fue lo que hice. Con cada hombre con el que salí, vendí un pedazo de mi corazón, creyendo inconscientemente que así solucionaría mi trauma.

Tuve un novio que quiso probar diferentes cosas conmigo, y yo accedí. Luego, cuando me dejó para irse con otra, me trató como la puta de la relación. Incluso se atrevió a darme consejos sobre lo que debía y no debía hacer sexualmente con otros. Y yo, tan enamorada, tan ilusionada y con él en un pedestal, ni siquiera cuando me trató así fui capaz de decir nada. Recuerdo que mi única catarsis era llegar a mi casa, llorar por días, dormir, dormir y sumirme en la depresión.

Tiempo después me fui para Australia. Pensarás: «Ah, pero tenía plata. ¡Con plata cualquiera sana!». Lo sé. Es cierto que, en Latinoamérica, para acceder a servicios psicológicos primero necesitas suplir las necesidades básicas. No sé por qué, pero gracias al Universo se me abrieron puertas y oportunidades para tener educación y trabajo, pese a que nunca estudié en ninguna universidad reconocida y que, mientras trabajaba, también tenía que estudiar. Comencé a trabajar desde los 17 años, me pagué mi universidad y todo lo que pude ahorrar lo gasté en ese viaje a Australia. Renuncié a mi trabajo y me fui por seis meses a vivir afuera. Australia fue una tierra que odié y luego amé.

Cuando llegué a Melbourne, me sentía profundamente sola. Rara vez recibía un mensaje de mi familia. Nunca he tenido una relación cercana con ellos; no soy de las personas a quienes con frecuencia les hacen videollamadas o les preguntan si ya comieron o si están bien.

En Australia tuve que ser limpiadora de edificios y recoger basura de oficinas. En ese edificio conocí a uno de los dueños de una empresa que me invitó a salir. Comenzó a ofrecerme un estilo de vida que para mí era ideal, y accedí a tener una relación con él, basada únicamente en recibir su apoyo económico mientras él, prácticamente, me usaba sexualmente. No me puedo victimizar: yo acepté, llevada por los velos sociales, por la mentalidad de pobreza, por la idea moderna de que una mujer puede hacer lo que quiera con su cuerpo y llamarlo «liberación femenina». Y, por supuesto, porque yo tenía una historia de infancia que facilitaba las cosas.

Me quedé porque no veía más opción. Me sentía tan deprimida y tan sola que todo me daba igual. Terminé con él y luego salí con otro en la misma situación. Mi vida era un espiral de relaciones que solo eran intercambios sexuales y materiales vacíos. Ellos me usaban para mostrarme, para presumir que salían conmigo; teníamos relaciones sin fundamento de amor. Ellos me ayudaban a pagar mis cosas, y yo simplemente aceptaba.

Caí en una profunda depresión. En Melbourne fue mi segundo intento de suicidio. Tuve días, literalmente días, en los que no me levantaba de la cama. Dormía hasta 36 horas seguidas. Tomé unas pastillas que sólo me llevaron a una intoxicación. Para mí, nada tenía sentido. Me sentía profundamente rota y perdida.

Volví a Colombia tratando de encontrarle sentido a mi vida, pero no lo logré. En cambio, me hundí en una relación con un hombre que estaba tan herido como yo.

Pero fue un hombre al que agradezco, porque, pese a todo lo que pasamos, me enseñó un poco, una pizca de amor. Teníamos historias similares: él sufría el abandono de su madre; él buscaba el amor de su mamá, y yo también. Además, quería reivindicar mi historia. Fue a él a quien le conté primero el recuerdo que tenía de un abuso. Y recuerdo contarlo con tanta naturalidad que ni yo misma me creo lo dormido que estaba todo eso en mi mente.

Con él comencé a experimentar otro tipo de situaciones a nivel sexual que también nos destruyeron a los dos. Experimentamos con mujeres. Él tenía un problema con el alcohol; yo, con el sexo. La inconsciencia se junta y sólo atrae la promiscuidad y la perversidad.

Había peleas tremendas y una codependencia excesiva entre los dos. Él, para que no lo abandonara. Lo mío era un apego ambiguo. En inglés se llama *fearful avoidant*; es el tipo de apego donde hubo mucha intermitencia: se cumplían mis necesidades sentimentales y primarias a medias. Era ansiosa con un evasivo, pero evasiva con un ansioso. Una montaña rusa de emociones.

Cansada también de esa situación, Australia me llamaba de nuevo. Decidí dejarlo todo por segunda vez y volver; quería una historia diferente en Australia, así que me fui a Sídney.

De verdad quise un cambio, pero las cosas no fueron distintas. Seguía buscando hombres por las mismas razones y, una y otra vez, repetía los mismos patrones. Para esta segunda ocasión, cada vez conocía hombres con traumas mucho más severos. Había mucha infidelidad, muchas adicciones a mi alrededor y muchas perversidades en sus gustos sexuales. Lloraba y me quedaba clavada en la cama por días porque no entendía por qué sólo me querían usar. Estaba en un estado total de victimización, pero, al mismo tiempo, no podía salir del impulso de simplemente aceptar que hicieran lo que quisieran con mi cuerpo.

Tuve dos relaciones complicadas con hombres mucho mayores que yo: uno de ellos casado, el otro no. Ambos tenían diferentes gustos sexuales, pero todos distorsionados. Nos veíamos de vez en cuando, teníamos fiestas que duraban días con otras amigas, y muchas drogas circulaban a nuestro alrededor. Nunca necesité drogas, y jamás me permití tomar alcohol hasta perder la consciencia. Siempre me tomaba dos copas de vino o dos de whisky, y ya.

Pretendía usar cocaína, pero jamás la consumí; sabía trucos para que pensaran que sí lo había hecho.

No sé por qué, pero para ellos era importante que una estuviera completamente inconsciente, aunque yo no lo necesitaba. Mi forma de evadirme de ahí era disociándome de mi mente y de mi cuerpo. Lo lograba en cuestión de segundos. Pero nunca me permití estar ni drogada ni alcoholizada.

En medio de todo, a veces teníamos conversaciones trascendentales sobre la vida. Ellos me contaban sus penas y sus tristezas, y yo era únicamente una compañía para quejarse. La novia perfecta.

Podía salir con más hombres si quería. No tenía el derecho de decirles nada y ellos tampoco a mí.

Mi estado mental era el de una mujer que se preguntaba por qué se quemaba, aun cuando cogía literalmente una bola de fuego con sus propias manos. Superincoherente. Pero hoy, cuando me miro en ese pasado, siento una profunda compasión por mí misma. Estaba sola. No tenía un núcleo familiar estable. El único que de vez en cuando estaba pendiente de mí era mi papá, pero, por supuesto, eso no era suficiente. Ya tenía demasiadas deficiencias y vacíos emocionales, demasiado trauma acumulado. Sólo seguía buscando el fondo.

Durante esos cuatro años que viví en Sídney, la historia no cambió. Cada relación era peor que la anterior. Cuando alguno me terminaba, yo iba por más. Además, conocí amigas con historias similares. Algunas tenían problemas complejos con las drogas y otras estaban aún peor que yo en temas sexuales. No tenía escape por ningún lado.

Aun así, entre estudios, fiestas y salidas, nos acompañábamos. Porque, en Australia, la gente está muy sola. Trabajas, estudias y te la pasas de fiesta. No hay familia, no hay nadie. Hay mucha soledad.

La forma más fácil de salir de eso es casarse. Pero, ¿cómo me iba a casar yo con ese historial? A mí no me importaban las relaciones normales. En el fondo, las quería, pero pasaba mi tiempo haciendo lo contrario.

Comencé a desarrollar una adicción compleja a la masturbación. Lo hacía sin pensar, sin control y sólo para evitar conectar con mis emociones. Era una forma de evadir la tristeza, de evitar llorar, de no sentir nada. Era un impulso incontrolable.

La primera vez que fui a Australia, todavía arrastraba los recuerdos de una relación con un hombre del que estuve profundamente enamorada y a quien abandoné cuando su papá murió. Creo que ha sido una de las peores *tusas* (rupturas) que he tenido. Él nunca me volvió a hablar.

Yo lo dejé en forma de protesta. Era un hombre recto y culto; yo era distinta, siempre lo fui. A estas alturas, pienso que nunca me quiso. Pero fue su abandono y su indiferencia lo que me impulsó a salir con hombres que sólo buscaban una cosa: sexo.

Ahora que lo entiendo mejor, él tenía muchas cosas en común con mi mamá. Su personalidad era muy parecida a la de ella. Y eso era lo que realmente buscaba: el amor de mi madre.

Si eres mujer y tienes una fuerte herida de abandono materno, es posible que te pase lo mismo que a mí. Buscaba en los hombres a mi mamá, intentaba llenar ese vacío físico y emocional tan profundo.

Ahora comprendo por qué lo abandoné en un momento tan difícil. Porque en mi cabeza, en mis pensamientos y creencias, todo encajaba con esa frase que me repetía una y otra vez: «Los hombres se usan y se botan».

Cuando comencé a pensar y a entender que no era posible que me trataran tan mal, me pregunté por qué no recibía la atención que algunos hombres buenos me habían dado en el pasado y, en cambio, sólo me involucraba con hombres alcohólicos y traumados que no mostraban ningún interés genuino en mí. Fue entonces cuando empecé a creer que algo estaba mal en mí. Bendito sea ese día cuando, saliendo de una de esas fiestas desenfrenadas a las que solía asistir, mientras miraba por la ventana del taxi, me dije: «Todo esto que hago es anormal. Yo soy anormal. Necesito ayuda».

Mi grupo de amigas era muy similar a mí, tanto en Colombia como en Australia. Éramos mujeres que únicamente buscábamos el apoyo o el interés económico de los hombres. Mientras nos mostrábamos atractivas, estuviéramos disponibles y ofreciéramos sexo, todo marchaba bien. Incluso ellos podían tener más mujeres y nosotras no podíamos decir nada. ¿Qué importaba? Si al final nos daban una buena vida… Con ellas viajé mucho, y los viajes no variaban: sólo buscábamos estatus, subirnos en yates, salir con hombres de buena posición social que nos ofrecieran todo. En el fondo, todas esperábamos que alguno nos pidiera que fuéramos sus novias o nos dijera que nos amaba, pero, obviamente, eso jamás iba a pasar.

No había amor por ningún lado, sólo relaciones transaccionales, llenas de orgullo y de vicios.

Por la historia misma de mi país, muchas mujeres que han sido abusadas desarrollan adicciones a las drogas o al alcohol para poder sobrellevar el sexo. Muchas mujeres que se quedan por años en la prostitución han sido abusadas. Muchas mujeres con fuertes adicciones, con parejas abusivas o que terminan siendo prepagos, novias de narcotraficantes, de políticos corruptos o de empresarios oscuros, lo que realmente tienen es un abuso sexual inconsciente. Ahí estaba yo, en esa lista de mujeres abusadas que simplemente pensaban que eso era «liberación femenina» y «empoderamiento sexual».

Yo no sentía nada cuando tenía relaciones, precisamente por eso mi impulso a la masturbación. No sentía nada. Me desconectaba por completo, como si estuviera drogada, aunque no lo estaba. Muchas veces me quedaba dormida o no me importaba estar dormida mientras tenía relaciones con mis novios. Ahora entiendo por qué: la mayor parte de los recuerdos que me llegaron en ayahuasca y en terapia sobre los abusos que sufrí en la infancia ocurrieron mientras yo dormía. También recuerdo que me tapaban con una cobija para que no viera nada. Todo, en algún punto, tiene sentido.

Pese a esta historia tremenda en Australia, ese hermoso país me salvó. Fue allí donde comencé a cuestionarme mi abuso sexual y mi relación con mi madre. Conocí a un hombre australiano increíble que quiso mostrarme otro tipo de mundo, pero yo no quise. Lo dejé ir. Nunca supe más de él, jamás supe realmente dónde vivía. Sé que cerca del mar, cerca de *Manly Beach*. ¡Dios, era un hombre tan guapo! Lo juro, como de calendario australiano, de los hombres más atractivos de Australia. Recuerdo que lloré en una ceremonia cuando entendí quién era, porque en la ayahuasca también lo vi. Nos habíamos conocido en otras vidas. Pero, ¿qué más da? Nunca más supe de él. Esas historias hay que dejarlas ir.

Por esa época, me la pasaba viendo el canal de YouTube *Impact Theory*. Adquirí nuevos hábitos, como hacer ejercicio, leer y aprender poco a poco a estar tranquila estando sola. En 2018 nació mi amor por los aceites, y ese aspecto de mi historia también me salvó. Me obsesioné con el conocimiento de los aceites para el crecimiento y la sanación del cabello, y así nació mi marca de cuidado capilar. La puedes encontrar en Instagram como *profeciabeauty*. Luego entendí que, en el fondo, tenía memorias de la *Mirrófora*, de María Magdalena. Ella ya estaba presente en mi vida en esa época, enviándome señales para sanarme, para regresar a mis raíces y sanar mi historia.

Después llegó la pandemia, y regresé a Colombia. Lo que no sabía era que volvía con una carga energética que, años después, se convertiría en lo más tremendo que tendría que sanar con la ayahuasca.

En ese afán de querer pertenecer, ya sea a un grupo de amigos hombres o a un grupo de amigas *cool*, nos desdibujamos. En ese afán de buscar aceptación social, dinero, posición, un mejor trabajo, reputación…, nos descalificamos. Olvidamos por completo quiénes somos como mujeres. Olvidamos nuestra esencia y nos volvemos avaras. Llamamos a la avaricia, al poder y a todas esas no-virtudes que destruyen el alma.

Por una casa, una relación, un carro, objetos, un ascenso, porque crean que estamos con una buena pareja, por viajes, una carrera… Vendemos nuestro cuerpo, somos esclavas de nuestro ego, de las potestades del ego.

Entregamos nuestra energía por doquier, pensando que estamos sacando provecho, creyendo que ganamos algo por un pedazo de materia, por carteras, por ropa. Nos sumergimos en el hipermaterialismo, que además va de la mano con las adicciones y el derroche de energía. Nos aferramos a lo material y se nos olvida lo sagradas que somos.

Recuerdo que varias veces, justificando mi adicción al sexo y mi promiscuidad, me repetía la misma frase:

> *«Pues bueno… si Jesús perdonó a María*
> *Magdalena, ¿por qué no a mí?»*

Mi alma ya sabía a qué venía a este plano. A este punto aún no sé si fue una elección de mi alma pasar por toda esta historia para sanar mis propias heridas o si es algo que ya he vivido antes y sólo vine como ayudante, como voluntaria, para repetirlo todo y después ayudar a sanar la distorsión sexual que existe en la sociedad, en Latinoamérica, en todo aquel que me lea y escuche mi historia. O quizás vine por ambas razones.

De todas formas, alma magdalenina que lees esto, espero que estés en el camino de sanación para aprender a respetar tu hermoso y sagrado útero, vientre, cuerpo y alma. Mereces que te toquen por amor, no por deseo.

Me perdono mil veces por las situaciones en las que permití que mi cuerpo fuera tocado desde sentimientos que no estaban nutridos por el amor.

Me perdono mil veces por todos los momentos en los que quise disociarme para no sentir dolor, por haber excluido mi cuerpo de mí, por no sentir mis propios sentimientos, sólo por complacer al otro mientras alimentaba su vanidad y su ego, mientras nutría sus propios demonios.

Agradezco la guía divina que me ha permitido sanar esta historia. Treinta años de mucho dolor y muchos años de tanta soledad valen cada segundo porque hoy en día me amo profundamente y me respeto.

Mi cuerpo es sagrado, mi cuerpo es un templo. El hombre que toque mi cuerpo la próxima vez tendrá que amarme tanto que sepa que es un absoluto privilegio estar conmigo. Y si no llega, seré suficiente para mí.

Con 36 años lo digo: únicamente cuando has sanado realmente tu historia y afrontado tu sombra, sabes lo que es el verdadero amor propio.

No se trata de un baño de espuma ni de un postre. Se trata de la aceptación profunda de tu oscuridad, de la integración de tu luz y de tener la consciencia para decir: *soy suficiente, aún cuando estoy sola.*

Por esa razón volví a Australia de vacaciones. Cuando hice el viaje no fue con ese propósito. Tenía unos tiquetes pendientes desde la pandemia y solamente podía usarlos hasta diciembre de 2023. Cuando regresé, no entendía por qué lo había hecho.

Para esas vacaciones ya estaba sumergida en el mundo de lo místico, ya llevaba un tiempo sanando con ayahuasca, así que quería asistir a algún tipo de meditación. Me inscribí en una clase de *Sound Healing* con Alli Skyba, una chica de California que vivía en Sídney y hacía meditaciones con su canto y cuencos.

Cuando ella preguntó al inicio de la meditación por qué estábamos allí, muy pocos respondieron. Entonces dijo:

«Les propongo que piensen en una palabra que quieran usar hoy para esta meditación». Mi palabra fue: «Perdonarme. *To forgive me*».

Apenas tocó el tambor y comenzó a cantar, entendí por qué estaba en Australia. Me estaba perdonando.

Volvía al lugar donde tuve mis años más complejos de promiscuidad. Donde intenté suicidarme. Donde permití más abusos a mi cuerpo. Donde salí con personas que sólo me usaban y me hacían daño. Volvía a Australia buscando mi propio perdón.

Lloré mucho en la meditación, tanto que Alli me invitó a quedarme para la segunda sesión, para que me sintiera mejor.

Tierra maravillosa, Australia, me mostraste mis heridas, mi oscuridad y me permitiste volver para sanar la historia contigo.

Por eso los territorios son importantes. Aunque no lo creas, hacen parte intrínseca de la huella energética e histórica de tu espíritu.

La masturbación a nivel energético

En cuanto a la masturbación, te quiero contar sobre una experiencia aprendida a las cachetadas.

La sociedad nos ha hecho creer que ver porno, masturbarse, comprar juguetes sexuales, incluir ciertas técnicas de sado y otras prácticas, es parte de una conexión íntima con uno mismo. Pero no es así. A un nivel superficial, pegado a la promiscuidad, tal vez sí; sin embargo, está muy lejos del amor propio consciente del ser. Muchas personas justifican estos hábitos, diciendo que si se hacen de vez en cuando son normales, que sólo son malos si se convierten en una adicción.

A pesar de esto, a muchos les cuesta decirse «no» frente al espejo cuando el impulso llama. Lo hacen casi sin pensar. Para algunos, se ha vuelto un acto automático antes de dormir, tan común como tomar un vaso de agua antes de acostarse. ¿Si algo se vuelve un hábito inconsciente, acaso no es una adicción? Si eres incapaz de decir «no», ¿entonces qué es?

Recuerdo que en el 2022 comencé a notar energías extrañas cada vez que me masturbaba. Tenía sueños paranormales y experimentaba encuentros sexuales astrales. Literalmente, eran orgías en el mundo onírico. Aparecían entidades con rostros conocidos y desconocidos, y todo tipo de experiencias sexuales ocurrían cada noche.

Al principio, no me lo cuestioné. Pensé que simplemente estaba pasando por una etapa de mayor excitación sexual. Sin embargo, durante una ceremonia de ayahuasca, vi las entidades que llegaban de parejas pasadas. Sentí cómo esas energías pesadas y densas pasaban a mi lado. No se habían ido. Me perseguían. También vi rostros extraños, como si estuviera observando los demonios de todas las personas con las que había tenido relaciones sexuales.

Entonces, la ayahuasca me explicó: *«Son las entidades de los hombres con los que has estado»*. Me mostró cómo ciertas energías sutiles y entidades mucho más densas se alimentan de la energía sexual que se derrocha en el acto sexual y en la masturbación.

A medida que me volví más sensible a lo sutil y a lo paranormal, comencé a percibir que estas entidades llegaban justo en el momento en que estaba a punto de masturbarme. Cuando sentía presencias en la noche y escuchaba pensamientos insistentes que me impulsaban a masturbarme o a ver porno, fue cuando me detuve y pensé: «Un momento… estos pensamientos no son míos».

Para ese entonces, ya había limpiado y sanado muchas cosas en mi vida. Tenía más claridad mental y emocional, lo que me permitía reconocer las energías sutiles en mi entorno. Era como si literalmente se hubiese aparecido un espectro frente a mí, y ahí entendí que la energía sexual no debe desperdiciarse de esa manera.

Además, cargaba con la energía residual de mi pasado promiscuo, de las citas de una noche, de los encuentros vacíos. En ese momento comenzó una purga. Una limpieza energética sexual que ni en mis sueños más lúcidos se me había mostrado.

También hablé de esto con mi psicóloga. Le pregunté por qué pasaban estos sueños, de dónde venían esos impulsos incontrolables de tener sexo casual y masturbarse. Me dijo que todo eso forma parte de la distorsión sexual que existe en la sociedad, y que, si viene desde la infancia, es aún más profundo.

Le pregunté: «¿Y qué hace uno con esas ganas?» Su respuesta fue clara: «Focalízalas en otra cosa. Sé más creativa, produce, crea, haz dinero. Ahí está la abundancia».

En ese momento, no entendí el mensaje. No lo comprendí hasta que comencé a experimentar el abuso en el plano astral (más adelante lo entenderás). Fue entonces cuando entendí que la energía sexual es una fuerza creadora inmensa y que, si no la canalizamos correctamente, se dispersa y se convierte en un desorden energético. Era imperativo hacerme dueña de mi propia energía sexual y ser consciente del poder creador más poderoso que tiene el ser humano.

¿Por qué crees que hay tanto derroche de energía sexual en el mundo? ¿Por qué todo se tiende a sexualizar? Fíjate en la industria del entretenimiento, en los artistas, los conciertos, los rituales... El sexo es creación y poder. Es una energía que, cuando está distorsionada, se manipula con facilidad.

Manifestar abundancia enfocando correctamente la energía sexual es hacerme cargo de mi cuerpo. Es entender que mi cuerpo es un templo sagrado, que es un centro de creación. Es valorarme tanto que el simple hecho de entregarme a alguien debe ser considerado un regalo inestimable.

Fue increíble ver cómo, con toda esta toma de consciencia, mi empresa creció. Pude viajar, compré mi primer carro, me llegó trabajo en abundancia. No lo podía creer. Durante muchos años pensé que iba a tener problemas económicos de por vida. Pero claro, si hubiera seguido con mi mentalidad de hace seis años, seguramente habría sido así.

La energía sexual y las entidades

Cuando alguien es abusado sexualmente, sucede algo a nivel energético: es como si se le abriera la puerta a ciertas entidades densas que entran en su cuerpo. No sé exactamente si esto ocurre a través del abusador o de qué manera sucede, pero lo cierto es que, en la etapa final de mi proceso de sanación, cuando finalmente acepté quién había sido mi abusador, empecé a ver en sueños que había algo dentro de mí que debía expulsar y a lo cual debía decirle adiós.

Recuerdo un sueño en el que veía un animal enorme en aguas turbias, parecido a un cocodrilo gigante. Yo lo observaba desde la azotea de la casa en la que viví de niña. En muchas noches, no podía dormir. Sudaba, sentía estrés, percibía una presencia junto a mi cama. En un sueño más claro, comprendí que tenía una entidad sexual conmigo desde mi infancia. No se quería ir. Pero tenía que hacerlo.

Había hecho el trabajo de limpieza perfectamente. Llevaba tres años sin actividad sexual, tres años sin masturbación, tres años hablándole a mi cuerpo con amor, honrándolo, repitiéndome que era un templo sagrado. Y cuando finalmente acepté que mi abusador realmente había sido quien vi en la ayahuasca, tuve un sueño en el que veía a un compañero de habitación empacando una maleta.

Dijo: «Ya es hora, ya no tengo que vivir contigo». Y se fue.

Me desperté sintiéndome completamente limpia respecto a ese tema. Gracias al camino de sanación, entendí la importancia de una sexualidad consciente y sana.

7. El perdón al abusador

¿PERDONÉ A LOS que me abusaron en esta vida? Yo creo que sí, y así lo veo, pero nunca doy nada por sentado porque jamás se sabe. A veces, la vida te manda más al fondo. ¿Perdoné también al abusador que venía de otra vida y que, por cosas del destino, nos cruzamos en esta en circunstancias problemáticas? Pues tampoco lo afirmo, y sé que, además, en esta vida me tocó un tema complejo con los abusos porque lo vengo trasladando de otras vidas.

Una vez hice un post en mi Instagram *@lemurian.wisdom* sobre dejar ir esa situación del abuso, salir del papel de víctima y perdonar al abusador sexual. Muchas chicas me escribieron diciéndome que estaba justificando al abusador a través de la espiritualidad.

El victimismo tiene un traje. La mujer o persona que ha sido abusada se vestirá con ese traje toda su vida porque es una forma de ser vista. La pereza y la procrastinación, por ejemplo, se vuelven un pretexto perfecto para seguir victimizándonos desde una perspectiva diferente. Durante mis terapias, reconocí cómo seguía atada a ese papel y, poco a poco, he sentido literalmente cómo me quitaba una máscara, un traje que llevaba puesto por muchos años. Además, me hacía mantener una lealtad invisible con mujeres de mi linaje que han sido abusadas y que siguen buscando el papel de víctimas porque hay mucho dolor y es difícil darse cuenta de que lo llevamos encima. El victimismo, de cierta forma, también tiene beneficios, así que entiendo por qué me costó tanto salir de ahí y por qué muchas personas no quieren salir. Es un lugar que brinda mucho confort, aunque por dentro se esté librando una batalla tremenda.

Cuando una mujer es abusada sexualmente, se genera una distorsión en su energía masculina, en la energía del *hacer*. Se distorsiona la relación con la figura paterna, con la masculinidad que debía haber protegido a esa niña pequeña. De manera inconsciente, se inclina hacia una energía femenina herida: pereza, procrastinación, incapacidad de terminar proyectos. Al mismo tiempo, puede hipermasculinizarse, creyendo que todo lo puede hacer sola, que no necesita a nadie ni ayuda de nadie. Pero llega un punto en el que no avanza. Pese a que se vuelve más masculina para alcanzar sus objetivos, se desconecta de su feminidad, de su propio cuerpo, de la capacidad de simplemente ser, de permitirse descansar sin culpa. No se deja fluir. Las polaridades están desequilibradas, y además, la distorsión sexual de una persona abusada es evidente: puede que se vaya al extremo de rechazar el sexo por completo o, por el contrario, convertirse en alguien promiscua. Si desde niña se pierde ese vínculo sano con lo masculino, entonces todas esas formas de procrastinación, de dejar las cosas a medias, de abandonarlas antes de terminarlas, son una protesta contra ese masculino no sanado. Es una mujer que sigue herida en su masculino, que no ejecuta, que no acciona y que tampoco se permite fluir. Todo es una guerra interna. Lleva el traje de la víctima.

Es muy difícil reconocerse como víctima. A través del victimismo, buscamos beneficios y ser vistos. Recibimos más atención. Atraemos personas que sienten compasión forzada por nosotros. A veces, incluso podemos manipular situaciones y relaciones desde ese papel. Un paso más hacia la sanación profunda es dejar ese traje, comprender a fondo nuestra historia, tener compasión y amor por lo vivido, pero soltarlo. Ya pasó.

Se trata de empezar a ver las cosas desde otra perspectiva: entender que el abusador fue abusado o simplemente aceptar que hay razones más profundas que lo llevaron a ser así. Desde una visión del alma, hay razones potentes, únicas y muy inteligentes para que una persona pase por un abuso sexual.

Un abuso sexual, desde el punto de vista espiritual, es una búsqueda extremadamente profunda de aceptación y amor propio, de aceptación total del cuerpo, del ser y del espíritu. Esto es lo que he aprendido en mi proceso y lo que cada vez me adentra más y más. Ha sido una búsqueda tremenda de amor incondicional, de apreciación del cuerpo y del espíritu en uno solo.

Escogí esta historia porque mi alma tiene una necesidad profunda de amarse incondicionalmente desde hace mucho tiempo. Tal vez llevo mucho olvidando que ya tengo eso en mí y necesitaba recordarlo. En esta vida, por el abandono emocional y físico que sufrí de niña, sumado al abuso sexual, lo que busco solucionar en la adultez es el profundo desprecio hacia mi feminidad, hacia el hecho de ser mujer, hacia mi cuerpo y mi ser.

En una de las sesiones de EMDR (una terapia psicológica que utiliza movimientos oculares para procesar traumas), me abrazaba fuertemente y no me solté durante unos 15 minutos. La terapeuta se reía (en buena onda), y yo lloraba mientras le decía: «Siento que tengo una necesidad muy profunda de quererme. Creo que eso es lo que busco, es como una necesidad de mi alma, de hace mucho tiempo, de amarme en cada rincón de mi cuerpo».

Mientras lloraba y no me soltaba de ese abrazo que he esperado de muchas personas, comprendí y me dije: «No estoy sola, estoy conmigo. Ya sé que soy suficiente, ya sé que soy todo y tengo la capacidad de amarme a profundidad».

Te invito a que hagas ese ejercicio: abrázate en un lugar donde estés sola durante al menos 15 minutos sin soltarte, y evalúa lo que pasa. ¿Te rechazas? ¿Lloras? ¿Qué sientes? ¿Qué piensas mientras transcurren esos 15 minutos? Algo saldrá. ¿Te has dado cuenta de que nunca hacemos algo así? Nadie nos enseña esto. Hazlo y analiza si hay aceptación de tu parte o si, por el contrario, experimentas rechazo. No importa si has sido abusada o no, es un ejercicio muy introspectivo.

En internet puedes encontrar sonidos de EMDR para hacer terapia en casa, en caso de que no tengas acceso a un terapeuta. Con los ojos abiertos, ponte audífonos y abrázate. Es un simple ejercicio de introspección. Sin embargo, para analizar traumas complejos, sí es recomendable la guía de un psiquiatra o psicólogo, ya que el EMDR es una técnica clínica diseñada para abordar traumas severos.

Si has sido abusada, lo entenderás porque experimentarás todas las formas de rechazo hacia tu cuerpo: autoflagelación, maltrato físico, negligencia hacia tu bienestar. Y es porque sientes rabia, porque alguien violentó tu inocencia.

Seguramente te cuestionarás: «¿Por qué alguien mayor que yo tuvo que arruinar mi inocencia? ¿Por qué tuvo que tocar mi cuerpo y abusar de él?».

Álmicamente, vienes a experimentar esos abusos hasta que entiendas el ser puro y especial que eres. Aprenderás en la adultez a decir NO, a gritar, a poner límites y a no entrar en relaciones sentimentales únicamente por sexo.

Esto, en absoluto, NO justifica a quien cometió el abuso en tu vida presente.

No estoy diciendo que toda persona que tenga sexo en la primera cita ha sufrido un abuso sexual. No lo sé. Realmente no conozco la historia de cada ser humano que toma esa decisión. Pero algo pasa. Hay una búsqueda interna que nada tiene que ver con lo sexual. Tal vez es la necesidad de amor de papá o mamá, la búsqueda de atención. Lo que sí sé es que, si es una costumbre, algo frecuente, repetitivo, y además se combina con disociación, pensamientos sexuales anormales e impulsos frecuentes a la masturbación, podría ser una señal de un abuso no consciente.

En muchísimas ocasiones, personas cercanas y lejanas a mí me dijeron que demandara a quien me abusó, que eso no prescribe, que con eso se acabaría el problema. Muchos me lo decían en un tono como de: *ya denúncialo y acaba con eso*; otros me lo decían con la intención de inducir un sentimiento de venganza en mí, como si fuera una revancha. Pero lo real es que ese no era un proceso por el que quisiera pasar. Nunca se me pasó por la cabeza la venganza, ni tampoco sentí la necesidad de ver a esa persona en la cárcel. Lo cierto es que yo ya estaba en una cárcel.

Ya había pasado por situaciones en las que me preguntaban: *¿Pero cómo te abusó? ¿Fue penetración? ¿O cómo fue? ¿No será que te lo imaginaste? ¿Y por qué hasta ahora hablas?* Cuando conté esto a personas cercanas, cambiaron de tema. Hubo diferentes tipos de reacciones. ¿Por qué iba a someterme, con treinta y tantos años, a un proceso judicial donde amigos cercanos, lejanos, familiares y vecinos me juzgarían por algo que ya me había causado tanto dolor durante tanto tiempo?

Mi necesidad no era buscar venganza, no de esa manera. Mi necesidad era estar en paz. Era un grito desesperado de mi alma a Dios, pidiéndole que me ayudara a ser normal, que me quitara las distorsiones sexuales que tenía, la ansiedad, la depresión, las ganas de quitarme la vida, la ausencia de amor propio, la disociación… Para mí, la justicia era estar plena y feliz. No quería más.

Mi recompensa es que esas personas ya no tienen cabida en mi vida, que yo estoy feliz, que tengo abundancia y prosperidad, que ahora tengo muchísimo amor por mi cuerpo y que, a pesar de todo, amo mi vida y el camino de sanación que elegí. Logré construir una vida lejos de las personas involucradas en toda esa historia. Al final, la misma vida se equilibra.

Pero algo muy importante que debemos hacer quienes hemos sido abusados es hablar, decir en voz alta el nombre de quien lo hizo, comunicarlo a nuestro círculo cercano para que sepan la verdad, nos crean o no. Cuando somos abusados, el abusador crea un vínculo manipulado de complicidad con la víctima. Por eso muchos niños no hablan: porque se genera una dinámica de silencio y secretismo. Es importante alzar la voz y decir con nombre y apellido quién lo hizo.

No es fácil transitar este camino. ¿Cuántas personas, apenas a sus 60 o 70 años, recuerdan esto por primera vez? Jamás es demasiado tarde para sanarlo. Si quieres afrontar al abusador, estás en todo tu derecho. La forma de sanar este tipo de cosas es individual. Si quieres denunciarlo y pasar por un proceso judicial, hazlo. Si sólo quieres comunicarlo a tu familia y a la comunidad involucrada, hazlo.

Yo quería que mi familia lo supiera, poder decirlo, gritarlo, sanarlo. Aceptarme. Aceptar mi cuerpo. Volver a mí. Para mí, sí fue necesario hablarlo y comunicarlo con mi círculo cercano, con amigos y otras personas, porque necesitaba que se supiera quién había sido.

Unas semanas después de terminar mis sesiones de EMDR, tuve un sueño. Yo era la observadora y se me permitía presenciar una circunstancia que estaba ocurriendo frente a mis ojos.

Llegaba a un salón donde había un niño de unos cuatro años acostado en una cama. De pie estaba un hombre. El hombre comenzaba a darle un masaje al niño, acariciando su cara y luego su cuerpo. Después, lo cubría con una cobija y empezaba a abusar de él.

En el sueño, yo gritaba y lloraba al mismo tiempo. Le decía: *¿Qué te pasa? ¿Por qué le estás haciendo esto al niño?* Quise cortarle las piernas al hombre.

Toda la escena era la representación de una violación infantil. De algún modo, logré apartarlo de la camilla, bajé al niño, le quité la manta y me lo llevé.

Lo saqué de ahí y, desesperada, me subí a un carro buscando ayuda médica para él. Recorrí varias calles en busca de un hospital que lo atendiera. Él iba caminando conmigo, tomándome de las manos. Finalmente, encontré un hospital donde pudieron ayudarlo. Hablaba con el médico y con varias personas, pidiéndoles que por favor atendieran rápido a este niño que había sido abusado. Sentía un profundo desespero por guiarlo y protegerlo.

Un sueño puede significar muchas cosas. Puede ser una representación de tu subconsciente sobre cómo ves las cosas, cómo quieres que sean, pero también, si te pasa como a mí, puede mostrarte realidades, posibles futuros, sueños proféticos o darte la oportunidad de tener conversaciones con alguien que ya trascendió. También puedes ser tú mismo, pero con la oportunidad de verte desde la perspectiva del observador.

No pude ver la cara de quien lo hizo, solo algunas características del escenario del sueño. Pero también pienso: ese hombre que me abusó también fue un niño abusado, también tiene una historia. Cuando estamos evolucionando en consciencia, la búsqueda de la venganza es ridícula; es un anclaje al odio y al resentimiento, y esas dos emociones no nos dejan ver con claridad. Podemos perder toda una vida en eso. La mejor justicia es aceptar, perdonar y avanzar.

Es un respiro para el alma. Esa historia de ese sueño pudo haber sido la representación exacta de cómo fui abusada, pero también puede representar muchas otras cosas. Tal vez fue como yo hubiese querido que fuera mi historia: que llegara alguien, interrumpiera, fuera mi héroe y me sostuviera la mano para sacarme de allí. ¿Acaso no es eso lo que quisiéramos todos los que tenemos una historia de abuso? ¿Haber tenido un héroe?

Pues bueno, la heroína, el héroe de tu historia debes ser tú. Ese es el camino del héroe: atravesar la oscuridad, mirar atrás sin rencor, comprender todo con un profundo aprendizaje y seguir evolucionando el espíritu. A eso vinimos a este plano.

En eso creía yo. Juraba que ya lo había perdonado, que con eso bastaba y había cerrado el ciclo. Sin embargo, cuando emprendí mi viaje místico al sur de Francia con la intención de visitar la tumba de María Magdalena y los lugares que, según muchos, ella pisó, comprendí que el perdón es un proceso largo, un rompecabezas que se arma por partes, por escalones.

Cuando llegué a Francia, a la playa de Sainte-Marie-la-Mer, me sentí agradecida, como si hubiera llegado a puerto después de un largo camino. Me sentí realmente bien, como si todo hubiera terminado. «Listo, eso fue todo. Chao, pasado», pensé.

Al día siguiente, fuimos a visitar la tumba que muchos aseguran es la de María Magdalena, en la iglesia de Saint-Maximin. Por estar distraída con otras cosas, fui de las últimas del grupo en entrar a la iglesia y, por consecuencia, de las últimas en descender a la cripta.

Cuando bajé, fue una sensación muy extraña y especial. Me sentí ansiosa sin saber por qué, como si hubiera tomado una copita de ayahuasca, pero sin tomarla. Una ansiedad intensa porque no entendía por qué había recorrido todo ese camino hasta allí.

Cuando hay un mensaje importante que debo recibir, siempre comienza con una frase que susurra en mi mente. Esta vez no fue la excepción. Apenas entré, una palabra retumbó en mi cabeza: *odio*. Luego vino otra: *rabia*. No se iban. En mi mente escuchaba: *Tienes rabia, pero no te permites sentirla*. Y yo pensaba: *¿Rabia? ¿De qué? ¿De quién? Si yo ya perdoné a todo el mundo*. Pero, al parecer, no lo había hecho.

Comencé a caminar con pasos cortos por la cripta, confundida, sin hallarme, sin saber. Se me salían las lágrimas y ni siquiera entendía por qué. En un momento, me quedé completamente sola en la cripta y entonces lo comprendí.

Me arrodillé. Comencé a jadear con fuerza, a respirar agitada. Sentía algo atorado en mi garganta: incomprensión, odio, rabia, mucha rabia, desconsuelo…, todo mezclado.

Había unas rosas al lado izquierdo de la cripta, en el suelo, y me dije: *Ya entendí. Me niego a aceptar este dolor en mí. Me niego a ver a mi abusador como mi verdugo. Lo niego, creyendo que al negarlo simplemente desaparecerá. Pero entonces, ¿qué hago con este dolor tan profundo que llevo dentro? Sí, ya entendí. Vine a esto, a pasar por esta prueba. Pero ¿por qué? ¿Cómo es posible? Era solamente una niña. ¿De qué se trata todo esto? ¿Sólo sigo llorando y ya?*

Al parecer, eso era todo lo que mi alma necesitaba: sentarme en el piso, en compañía de los restos que miles dicen que son de María Magdalena, y escuchar su susurro: *Aquí se puede llorar, aquí lo puedes hacer. ¿Sabes?* Era como si estuviera en las piernas de alguien que de verdad me amaba muchísimo. Y tenía que ser sólo para mí. Era como si alguien hubiera preparado una salita únicamente para mí, solamente para que, en ese instante, pudiera llorar todo, absolutamente todo.

Creo que caí de rodillas porque la ausencia emocional de mi mamá también ha sido dolorosa y siempre lo será. Ahora la comprendo, y la he transitado de muchas formas, pero jamás tuve unos brazos en los que pudiera gritar: *Me abusaron, violaron mi inocencia, mi cuerpo. Fui usada por muchos años, me permití abusarme, me hice daño, me odié mucho, por muchos años. Me autoflagelé, me rendí a la muerte en vida.*

De cierta forma, lo que estaba pasando era una rendición a la madre, a la feminidad que nunca había estado presente en mi vida, a esa madre que representa María Magdalena para mí. Esa energía femenina tan ausente en mi vida, que tanto he rechazado y me ha rechazado, que ha sido tan indiferente, tan efímera, tan hiriente. Pero ahí estaba, sin ninguna de esas etiquetas negativas. Estaba ella, mi amiga Magdalena, mi maestra, mi guía, la que me ha ayudado, aunque no la vea, ni conozca su rostro, aunque no me hable en voz alta, así no la pueda tocar físicamente. Estaba ahí, llenando mi corazón, diciéndome: *Aquí estás a salvo.*

Fue demasiado lindo, demasiado profundo y sanador para mí. Curiosamente, en ese instante, me prestó la mano para sostenerme una mujer que, en ese viaje, me enseñó muchas cosas. No precisamente por lo que decía, sino por su carácter. Una mujer con una energía masculina presente y firme, y, al mismo tiempo, seguramente también conectada con su energía femenina, pero no como yo siempre la he buscado: permisiva o condescendiente. No como la he añorado, suave y complaciente. No. La energía de esta mujer, que durante todo el viaje me desafió en varios aspectos de mi personalidad, no era más que la muestra de: *Ya no eres una niña*. Aunque aún te duelen cosas, aunque aún lloras, *ya no eres víctima*.

En cierta parte, así fue. Porque aunque tenía ese nudo dentro, llorando, tratando de cerrar otro pedazo del ciclo de sanación del abuso, el llanto era distinto.

Cuando dejé de llorar, me puse de pie, con la espalda recta, agradecida, y salí de la cripta.

Me pasó algo lindo que, si tienes la oportunidad de visitar esa cripta y esa iglesia, sería interesante que probaras. Es algo que la abuela ayahuasca me enseñó a hacer en una ocasión alrededor del fuego.

Todo lo que te conté anteriormente me pasó la primera vez que entré en la cripta. Luego salí, di una vuelta por la iglesia, observé los cuadros, me uní al grupo con el que venía, me senté en unas bancas frente al hermoso cuadro del altar principal y, después, me dije: *Voy a volver a la cripta*.

Entonces bajé por segunda vez y me quedé un buen rato. Y volví al mismo proceso: *¿Qué estoy haciendo aquí? ¿Por qué volví a bajar? ¿Hay otro mensaje?* Caminé unos pasos en la cripta y me encontré con otras mujeres del grupo. Efectivamente, llegó el mensaje. Esta vez era sobre el rechazo hacia las mujeres: tanto el que yo siento hacia ellas como el que muchas veces ellas sienten hacia mí. Pero también sobre las mujeres que no me rechazan. Y entonces estaban ahí varias de las chicas del tour. Nos dimos un abrazo, las miré a los ojos y lloré. Agradecí por mujeres como ellas, porque somos desconocidas, pero algo compartimos: esa búsqueda más profunda de lo femenino en nuestras vidas. Agradecí por la guía que he tenido en los últimos años, por las mujeres que he conocido y que me han ayudado en muchas circunstancias. Y agradecí por otra lección que otra de las chicas del grupo me había dado acerca del rechazo.

Después salí de la cripta, repetí el mismo recorrido por la iglesia, me senté a contemplar los cuadros y las pinturas, a admirar los frescos de María Magdalena… y decidí entrar una tercera vez en la cripta.

¿Y adivina qué? Jaja, otro mensaje, otro aprendizaje.

El tres es especial, es importante. Si alguna vez visitas ese lugar, *no te olvides del tres*. Las tres visitas a la cripta, en el mismo viaje, tuvieron un mensaje profundo y diferente cada vez.

A veces uno cree que encontrarse con alguien como María Magdalena será como en una película: que se aparecerá un resplandor y te dirá que vas a cambiar el mundo. No sé cómo será para otros, pero, en mi caso, no. Todos sus acercamientos han tratado sobre sanar dolores muy profundos dentro de mí. Han sido un acompañamiento para demostrarme que, aunque toda mi vida me he sentido sola, no lo estoy. Pero han sido profundos entendimientos sobre mi historia de vida, sobre mi camino. Han sido profundos entendimientos personales.

Jamás ha estado en mi vida con la pretensión de darme una misión salvadora del mundo. Ha sido más bien: *sálvate tú, sánate, mírate, ámate, Moni, respétate, escoge ser feliz.*

Para mí, eso tiene mucho sentido. Porque esos encuentros con lo divino no son externos. De eso se trata este libro: de la ascensión. De eso se trata la enseñanza de Magdalena: *desprenderte de las potestades del ego para que tu alma, en cada visita, sea más sabia, más pura, más emocionalmente inteligente y pueda reunirse con su sagrado ángel guardián una vez más.*

¿Y quién es mi sagrado ángel guardián? *Tú*. Tu yo superior.

De pronto, todos estos traumas y embrollos espirituales son para eso. Seguramente, eso es lo que todos los seres humanos estamos buscando: la reunión con nuestro yo superior. Nos tomará muchas vidas y también nos tomará comprender que en este plano existe la dualidad, que aquí hay buenos y malos, y que cada uno de nosotros ejerce un papel en la evolución del otro.

Al final, ese abusador también está buscando lo mismo: evolucionar, aunque nuestra pequeña mente racional no nos lo permita ver. Todos los caminos conducen a la evolución, aunque sea difícil de aceptar.

Resumiendo, he ido avanzando capa por capa, sí, como la supuesta cebolla, pero ahora lo veo más bien como una escalera. La cebolla es tortuosa y además sabe feo. Ya este proceso me ha sabido lo suficientemente amargo como para compararlo con una cebolla; prefiero asumir que es una escalera y que, con cada llanto, con cada lágrima, me acerco más a estar en paz conmigo misma.

Perdonar un abuso sexual no es fácil. Es una carga espiritual, emocional y psicológica demasiado densa, sin contar la cantidad de cosas que se desprenden en lo sutil. Después de aquel llanto en la cripta de María Magdalena, tuve muchos sueños en los que me la pasaba llorando con mi mamá, mis tías y mis amigas. Se me había roto la fuente del llanto. Como cosa rara, mi inconsciente se negaba a soltar todo, pero ahora lo hacía sin contención. Pasé varios días en los que me subía a un Uber y, de la nada, me recordaba a mí misma siendo niña, con todo lo que me fue arrebatado y con todo lo que se desencadenó a raíz del abuso.

Me reconfortaba muchísimo mirar a mi perrito, abrazarlo e imaginar que él era yo, que sólo necesitaba amor, abrazos, nada de palabras, únicamente gestos y acciones que me hicieran sentir amada.

Yo me la pasaba pidiendo una pareja, un hombre, un amor. ¿Cómo podría haberlo tenido con toda esa carga emocional encima? Estaba llena de odio hacia los hombres, intencional y no intencionalmente. ¿Cómo podría haber amado con tanto odio dentro de mí? No me malinterpretes, no estoy diciendo que una persona que ha sido abusada no merezca amor, por supuesto que sí. Es lo que más le he pedido a la vida. Pero con tanto rencor acumulado, con tanta infelicidad y tanto repudio hacia mi propio cuerpo, ¿qué clase de amor de calidad podría haber encontrado? Quizás el mismo, quizás siempre desde el abuso y la necesidad.

La persona que abusó de mí me manipulaba con juguetes para mantener el secreto. Creo que también con dinero. Crecí creyendo que la única forma sana en la que un hombre se relacionaba con una mujer era a través del intercambio de cosas materiales. No entendía otro lenguaje.

Cuando tenía 15 años, recuerdo haber buscado a un niño del colegio y haberle dado una caja gigante con un regalo. Yo actuaba como un robot, porque esa era mi forma de relacionarme con los hombres: yo daba algo o me daban algo, y ya. No había más. No era necesario. Yo no hablaba, sólo actuaba. Era mi manera de buscar «cariño». Luego pasé de dar los regalos a recibirlos y a permitirme ser abusada de muchas maneras. ¿Cómo podría haber tenido relaciones sanas con esa conducta? Imposible. Tenía que sanar.

Así que, al final, cuando subí de la cripta de María Magdalena y me senté en las sillas de la iglesia, contemplando el hermoso retrato que hay de ella en el altar principal, me dije: *Lo entiendo. Lo comprendo. No he estado lista. No lo estaba, porque merezco un amor real y especial. Ahora lo entiendo. Mi propio corazón anhela conocer el amor de verdad. Por eso estoy aquí, por eso no me he rendido, por eso sigo sola. Lo acepto, lo entiendo, lo honro.*

Aunque no lo creas, estas son palabras que me repito mucho. Es fácil decirlas en un momento tan divino y sublime, pero en la vida diaria, cuando estás sola un domingo a las 10 de la noche, esas palabras no suenan tan consoladoras.

El abusador de otras vidas

Conocí a una persona que, con el tiempo, supe que había sido mi papá en otra vida. Tuve ciertas confrontaciones con su energía y personalidad. Era una persona adulta, con familia. Jamás pasó nada, pero como profesor tuve que aprender muchas cosas de él.

Más adelante entendí que esa idealización paternal que solemos hacer con algunas personas también es parte de nuestro proceso de sanación. ¿Te ha pasado que ves a tu jefe, a un amigo, o al papá de una amiga como una figura paternal? Pues tuve que aprender que papá solo hay uno, y que no podemos idealizar a los demás por lo que no nos dieron nuestras figuras paternas.

Aprendí que también esa idealización venía porque tenía asuntos energéticos de vidas pasadas que resolver con esta persona; al parecer, había sido mi papá en otra vida.

Es cierto que, a lo largo de nuestro paso por este plano, nos encontramos con personas con quienes tenemos asuntos pendientes, y está en nuestras manos decidir si los resolvemos o simplemente seguimos en la rueda del *samsara*, la rueda del karma.

Para resolver los asuntos pendientes, debemos entender que todas las personas con las que compartimos períodos de tiempo largos —ya sea en el trabajo, en la oficina, como maestros o alumnos— siempre vienen a enseñarnos algo sobre nosotros. El ciclo se cierra cuando la lección está aprendida, cuando simplemente, a nivel álmico, agradecemos a esa persona por la lección y la soltamos sin apego, sin rabia, sin resentimiento. Es la forma de comprender que el karma, en esencia, simplemente es acción. Esa acción se refleja en cómo reaccionamos ante la lección que nos vienen a enseñar.

Cuando comprendí esto, llegué a la conclusión de que no tenía rencor hacia esa persona. No había dolor, no había nada. Y, en ese mismo instante, se produjo sanación. Tenía una distorsión tremenda hacia los hombres; era incapaz de reconocer a un abusador. ¿Te ha pasado que tienes una amiga que distingue con claridad a un hombre bueno, con valores y virtudes, de uno que no lo es? Pues yo no era esa amiga. Yo siempre terminaba siguiendo al abusador, pero me era completamente imposible reconocerlo. Eso ocurre por la disonancia cognitiva que se genera cuando hay un abuso.

Lo que estoy haciendo en esta vida es resolviendo y, a la vez, sanando mi percepción de la figura paterna y del hombre desde múltiples perspectivas. Para mí, fue impactante descubrir, de manera tan precisa, que alguien que conozco desempeñó un papel tan significativo en otra vida. Y ahí estábamos, encontrándonos de nuevo en esta para resolver asuntos semejantes. La vida es muy sabia, ¿no?

Esa persona abrió mi herida de cierta forma, pero también me ayudó a darle forma al entendimiento de mi relación con la energía masculina. Fue una pieza clave para sanar la disonancia cognitiva que me produjo haber sido abusada desde tan niña y que, con seguridad, venía arrastrando de otras vidas. Me ayudó a comprender la distorsión psicológica que tenía.

El abusador de Moni niña fue alguien cercano a mi familia. Tenía acceso a mí de forma muy fácil, con tanta cercanía y manipulación sobre mi psique y personalidad que distorsionó absolutamente toda mi percepción de la figura masculina en mi vida. Toda. Así que, cuando comenzó a ocurrir, creció en mí un odio y una rabia hacia los hombres que estaba demasiado arraigada, pero que no lograba ver por el peso del dolor.

Creo que debió ser muy complejo todo lo que pasó, y sé que ocurrió durante muchos años, porque no tengo memoria de lo que sucedió en mi vida entre los cuatro y los diez años. Tengo recuerdos sueltos, fragmentados. Recuerdo algo de cuando tenía siete años y un poco borroso lo que viví a los diez. Por eso, para mí, sanar el abuso y reconocerlo ha sido tan complejo, porque mi cerebro lo bloqueó por completo.

Esta persona, que fue mi profesor y que había sido mi papá en otra vida, me ayudó a entender lo que realmente es una figura paterna. Conocer mi historia de vidas pasadas con él me permitió encajar una parte importante del rompecabezas. Poco a poco, fui reconociendo los aspectos oscuros y claros de la energía masculina y comprendiendo, por primera vez, cómo debe ser una figura paterna.

La primera referencia masculina que una mujer tiene es su papá. Pero yo estaba prácticamente sola, y el abuso comenzó tan temprano que perdí completamente la noción de lo que era un hombre mayor y del trato que debía recibir. Mi percepción de la autoridad masculina estaba completamente distorsionada.

Yo les tenía una devoción tremenda a los hombres mayores, un respeto profundo e incuestionable. No les refutaba nada porque, ¿cómo refutarle algo a la autoridad? Obedecía sin dudar, porque así nos enseñan. Lo que me dijeran, lo hacía. No había espacio para cuestionar, para pensar mal, para gritarle a un hombre mayor. ¿Llevarle la contraria? ¿Decirle mentiroso? Sentía una culpa tremenda cuando algún hombre mayor me rechazaba o cuando no lograba satisfacer sus órdenes. Todo eso era consecuencia del abuso sexual de mi infancia.

De cierta forma, tenía tanta rabia con las figuras paternas, con el masculino protector, por no cuidarme, por dejarme sola al cuidado de esta otra persona. En mi inconsciente, quería que cualquier hombre fuera tan culpable como el abusador. Nunca, en todos mis 36 años, había visto a los hombres por sus valores, nunca los vi por su esencia. Para mí, en mi inconsciente, o eran cómplices o eran abusadores. Por lo tanto, los odiaba.

Alguna vez, una desconocida me lo dijo en una cena de amigos:

—Uy, Mónica, tú odias mucho a los hombres.

Y yo respondí:

—¿Yo? ¡Jamás!

Muchos años después, lo acepté. Tenía una fuerte pelea interna con ellos. Los odiaba muchísimo, los quería hacer culpables, tenían que pagar, como fuera, por lo que me hizo uno y varios. Todos eran responsables y culpables; no había uno solo inocente. De alguna forma, tenía que rechazarlos, alejarlos, que sintieran mi odio.

Ahora entiendo mi historia. No quise denunciar a mi abusador porque ya estaba cansada de vengarme de los hombres. Lo había hecho por toda la vida. Ya sólo buscaba paz. No más guerra.

Gracias a mucha introspección, terapia de EMDR, citas con mi psicóloga y ayahuasca, logré entender realmente cómo se conectaban todos los hombres que han estado presentes en mi vida: desde la figura paterna y mis abuelos hasta los amigos, vecinos, maestros, jefes, citas, novios y todos los hombres que han pasado por mi historia. Era una tarea que tenía que hacer. En el proceso de hacerme daño y autocastigarme, también quería sacar provecho de la figura masculina. En mi psique distorsionada, todos eran tan culpables como los que me abusaron de pequeña, porque no fue solamente uno.

¿Puedes ver cómo el alma es tan sabia? Todos los personajes relevantes cumplen su función, todos vienen a mostrar algo, a enseñarnos algo. Llegan para que solucionemos algo que teníamos pendiente y, finalmente, soltar esa historia.

Estoy segura, y por los sueños que tuve en Australia, que el tema del abuso viene de mucho antes. Creo que lo que sucede es que nos toma muchos retornos decidir sanar desde otras perspectivas. El alma se cansa de aprender únicamente desde las esquinas del dolor. Sí, claro, en el dolor también se aprende, uno evoluciona, pero es agotador, demasiado agotador.

Todo este desenredo —y enredo— en los dos últimos años, y tal vez desde antes (no lo sé bien), ha sido guiado por mis ancestras, mujeres maravillosas, y, claro, en los últimos dos años por María Magdalena. Ellas me están enseñando a ver la vida desde el amor.

Me están enseñando a perdonar más fácil, sin tanto apego a la venganza, con un entendimiento más profundo, a soltar rápido esas ataduras y simplemente tratar de ver que venimos de un tejido en el que estamos aprendiendo unos de otros. Y, sobre todo, entender que, si me quedo pegada a esas emociones bajas, no evoluciono. Seguro por eso nos toma tanto tiempo ascender, porque somos demasiado apegados al dolor.

8. Abuso sexual en el astral

TAMBIÉN EXISTE EL abuso sexual energético y en el astral[1]. Tal vez este tema te resulte nuevo, algo que jamás habías escuchado, pero existe. Es algo que también he experimentado.

Con el desarrollo espiritual y de consciencia llegan otros retos: el discernimiento, las enseñanzas, la preparación y también la capacidad de ver que dentro del universo espiritual hay mucha oscuridad.

Cuando tomé la decisión radical de dejar el hábito de la masturbación para sanarme de ese vicio, comencé a tener sueños en los que era violada; eran sueños vívidos y tremendamente perturbadores. Ya antes los había tenido, pero no entendía el porqué. En los sueños era casi imposible hacer algo para evitarlo. Amanecía agotada en extremo y estresada, además de preocupada por lo que me estaba pasando. Siempre aparecían diferentes hombres, pero nunca podía ver sus rostros.

Hasta que, con el tiempo, comencé a sentir en los sueños la presencia de alguien que me resultaba familiar. Poco a poco fui confirmándolo: era alguien que conocía, alguien

---

1   El término *astral* hace referencia al «plano astral» o «mundo astral», un concepto presente en diversas corrientes espirituales y esotéricas. Se describe como una dimensión sutil o energética distinta del plano físico, a la cual se accede comúnmente a través de sueños, meditaciones profundas o prácticas de desdoblamiento astral (viajes astrales). En este plano, se cree que las almas, entidades o energías pueden interactuar, y algunas personas han tenido experiencias conscientes allí.

con conocimientos sobre viajes astrales. Literalmente, era como si esa persona ingresara a mi casa en el plano astral y, en las noches, abusara de mí sexualmente en mis sueños. Yo no podía creerlo. ¿Sería eso posible?

Me puse entonces en la búsqueda de información y descubrí que sí, que es muy posible. De hecho, es bastante común en ciertas prácticas espirituales. Seguramente también lo hacen algunas mujeres, pero en mi caso, estaba ocurriendo con un hombre.

Se trataba de una persona con conocimiento espiritual y habilidades psíquicas a la que muy rara vez veía y con la que apenas cruzaba palabras. Sin embargo, de alguna forma, había logrado acceder a mi campo energético.

Y ahora que lo entiendo, tiene sentido. En esa época tenía tanto desorden en mi vida que, si ya me habían hecho otro tipo de trabajos energéticos, ¿por qué no esto? Literalmente, no tenía control sobre mi campo energético.

Comencé a investigar cómo protegerme en los sueños y a nivel energético, y seguí con mi propósito de recuperar el poder sobre mi propia energía y sanar mis problemas con la promiscuidad. Pero mientras más sanaba, más insistía esta persona en seguir haciendo lo que hacía astralmente.

Te preguntarás: ¿por qué pasa esto? ¿Con qué fin? Pues bien, sucede porque la persona que lo hace carece de energía de creación. Muchos de ellos lo hacen para obtener más poder: poder material y poder sobre los demás. Son vampiros energéticos, pero llevan esto a un extremo aún más oscuro, porque ya es violación astral sexual. Lo cierto es que, en los sueños, se siente real.

Cuando tienes un desorden en tu vida sexual, en tu vida cotidiana, cuando no respetas tu templo y participas en tríos, tienes relaciones de una sola noche, combinas alcohol y sexo, te entregas a la masturbación sin control, o te involucras en relaciones basadas únicamente en lo sexual, no eres consciente del poder de tu energía sexual. Si lo fueras, no la estarías derrochando.

Y cuando no eres consciente de esto, los que sí lo saben ver se aprovechan. En ese estado eres susceptible a que, en terapias holísticas, en retiros espirituales, en el uso de plantas medicinales o al conocer a alguien con habilidades psíquicas fuertes, puedan aprovecharse de tu energía sexual. Es entonces cuando se producen los abusos sexuales en el astral.

El robo de energía sexual en el astral comienza, por supuesto, con los vivos. Pero luego, se adhieren energías sutiles de baja densidad. Este tipo de robo energético sexual lo puede realizar cualquier persona que simplemente sepa cómo hacerlo y comprenda su naturaleza. En mis investigaciones, he descubierto que pueden hacerlo incluso gurús espirituales, chamanes, facilitadores o asistentes experimentados. Es probable que los menos experimentados también lo hagan de manera inconsciente, simplemente porque no saben con qué energías sutiles están trabajando o no son conscientes de cuán contaminado puede estar su campo energético. En muchos casos, son entidades de baja densidad las que terminan dirigiendo sus vidas.

Este tipo de abuso también puede ocurrir si una persona dentro de una ceremonia, terapia o retiro tiene algún tipo de entidad o desorden y, de repente, pierde el control, por ejemplo, desnudándose en medio de la sesión. Si el guía no tiene el conocimiento necesario para manejar y controlar estos desórdenes energéticos, la situación puede salirse de control.

Durante una ceremonia de ayahuasca, por ejemplo, se experimentan diversas sensaciones energéticas. Solamente quienes son verdaderos guías en el uso de estas medicinas saben cómo controlar esas energías; lo mismo ocurre en cualquier tipo de retiro o práctica espiritual. Con el tiempo, comienzas a recibir señales, pero muchas veces uno es tan ingenuo que cree que no pasa nada.

Estos robos energéticos afectan el cuerpo energético y el aura. Pueden bloquear la abundancia, la prosperidad y drenar la energía vital. Te sientes drenado, sin fuerzas, incapaz de dormir bien. Además, representan una violación del libre albedrío, ya que es como si tuvieras una pareja energética invisible que te mantiene atado. Si no tienes pareja, te cierra caminos, porque si tu energía ya está ocupada sexualmente con otra presencia, ¿para qué abrirse a nuevas relaciones?

Quienes practican estos abusos generan su propio karma (acción y reacción). Cada persona es responsable de sus actos y, en algún momento de su vida, enfrentará las consecuencias. Sin embargo, si tienes la más mínima sospecha de que algo así te está ocurriendo, es fundamental tomar acción y salir de ese juego.

El cambio comienza en ti. Si trabajas en tu consciencia y en el despertar de tu alma, si reconoces el templo que habitas, puedes protegerte de estos robos energéticos. Tanto hombres como mujeres pueden ser víctimas de estos abusos a nivel energético, pero, lamentablemente, las mujeres son las más afectadas. Esto se debe, en parte, a la falta de conocimiento sobre nuestro propio cuerpo y nuestra energía. Nos han condicionado a abrirnos emocional y espiritualmente en terapias holísticas y retiros espirituales, donde muchas veces compartimos detalles íntimos con personas desconocidas. Y es ahí donde algunos se aprovechan.

No se trata de tener miedo, sino de comprender. La ley universal es clara: *como es adentro, es afuera.*

Estos son abusadores sexuales astrales. Hay muchos. Por eso, es fundamental ser conscientes de cómo manejamos nuestra energía sexual.

Por supuesto, también existen guías que trabajan desde la luz y hacen las cosas correctamente, con la intención genuina de sanar y ayudar. Así como hay personas que asisten a retiros y ceremonias con un propósito serio de sanación interior, sin ninguna mala intención. Existen miles de personas que jamás han experimentado estos abusos porque no tienen esta lección en su camino. Sin embargo, creo que quienes pasamos por estas experiencias lo hacemos porque nuestra forma de vivir nos lleva a ello. Es una enseñanza que nos obliga a comprender que las cosas no son tan simples ni tan inocentes como creemos. Nos recuerda la importancia de cuidar y honrar nuestro templo, de llevar la sexualidad a la consciencia y de no desperdiciar nuestra energía sin propósito.

Después de esta experiencia, que inicialmente percibí en sueños y luego confirmé con la ayahuasca, decidí hacer una limpieza profunda de mi energía sexual. Me propuse sanar, purificar y transformar esa energía.

En lugar de desperdiciarla, enfoqué mi energía sexual en ser creativa, en desarrollar proyectos. La verdad, dejé de extrañar la masturbación; no la necesité en absoluto, porque ya había comprendido la verdadera naturaleza de la energía sexual.

Un año después de iniciar esta limpieza, viví uno de los años más prósperos de mi vida: abundancia económica, crecimiento en proyectos, viajes y una fluidez financiera que nunca antes había experimentado. Sé con certeza que todo esto sucedió porque había aprendido a enfocar mi energía sexual de manera adecuada.

En muchos videos y en la información disponible en internet se dice que si eres activo sexualmente, tendrás más dinero, pero poco explican o aclaran que esa actividad debe ser sana y limpia, sin irse a los extremos. Acostarse con dos personas diferentes por semana ya es una distorsión sexual; energéticamente lo es, porque estás derrochando la energía más importante que tienes.

El arquetipo de la persona que hace este tipo de cosas sería como un vampiro energético. Sí que los hay. Suena muy fantasioso, pero en el mundo espiritual y astral existen.

Como lo expuse antes, ese vampiro energético tiene habilidades psíquicas. Sabe cómo hacer viajes astrales, proyección astral y cómo navegar en el astral muchas veces sin que el otro se dé cuenta. La energía con la que más se juega y la más fácil de manipular es, por supuesto, la energía de una mujer con abuso sexual en su historia. Mucho más si esa mujer no es consciente de que ha sido abusada sexualmente o si no lo ha sanado.

Al tener distorsión sexual, la mujer se hace mucho más vulnerable energéticamente porque es como si su cuerpo energético estuviera abierto y expuesto, lo que lo hace accesible con facilidad.

No fui la única mujer que experimentó esto. Más de cinco amigas pasaron por la misma situación con la misma persona. Todas mis amigas, por supuesto, habían sido abusadas sexualmente en algún punto de su vida y tenían problemas con la figura masculina y paterna. Fue sólo cuando comenzamos a sanar realmente esa herida y a hacernos cargo de nuestro proceso que todas, poco a poco y cada una a su ritmo, recuperamos nuestro poder personal, sexual y energético. Logramos armar el rompecabezas y cortar de una vez por todas con esas fugas energéticas.

Todas experimentamos momentos en los que nuestra economía se frenó. Todas tuvimos problemas para encontrar pareja. Todas teníamos sueños en los que éramos abusadas por la misma persona.

Realmente es muy difícil, al principio, identificar quién puede ser un buen guía espiritual y quién no, porque uno está tan ciego y atrapado en sus propios dolores y costumbres que normaliza un montón de cosas.

Pero todas, en el fondo, sabíamos que había algo raro con la persona que nos vampirizaba energéticamente. Lo sabíamos en algún punto y simplemente no escuchamos la intuición, hasta que se intensificó y una a una comenzó a compartir lo que pasaba. Encontramos similitudes en lo que experimentábamos y, por esa razón, pudimos salirnos de ahí.

Este tipo de situaciones es imposible de reportarlas legalmente. ¿Quién le cree a una? Si difícilmente le creen a una víctima de abuso sexual en el mundo físico, imagínate llegar a un juez a decirle que estás siendo abusada sexualmente en sueños. Suena bastante lunático.

Pero las personas que llevan años trabajando y experimentando en el mundo espiritual saben perfectamente de lo que hablo. Quise exponer este tema aquí porque me tomó bastante tiempo salir de esa energía y sanarla. Me quitó muchas cosas en su momento: me aisló de salir con otras personas, sentía la sensación de no ser vista por otros hombres, me perjudicó en mis finanzas en dos ocasiones, y varias de mis amigas tuvieron que atravesar situaciones complejas relacionadas con este tema.

El vampirismo espiritual, energético y sexual es una realidad y hay que hablar de ello. También debemos hacernos cargo de nuestras propias sombras para ser menos propensos a que nos suceda.

Incluso aquí, María Magdalena me ayudó. Me indicó por medio de sueños y mensajes lo que pasaba, me protegió astralmente y me mostró el camino para hacerme completamente responsable de mi desorden sexual y para dejar de sentir culpa por lo que ocurrió. Todas las emociones extremas anclan y alimentan al vampiro energético. Prestarle demasiada atención, tenerle miedo, sentir odio, rabia, o seguir derrochando la propia energía sexual son la combinación perfecta para que esa persona siga absorbiendo nuestra energía.

Sobre este tema puedes encontrar libros, literatura, documentales y bastante información de parte de expertos. Especialmente psíquicos, clarividentes o personas especializadas en viajes y desdoblamiento astral. Los chamanes también saben perfectamente de este tema.

Hoy en día, como se han vuelto tan populares todo tipo de prácticas espirituales, es muy fácil que esto suceda, y es más común de lo que crees. La única forma de no entrar en ese juego es, de verdad, siendo muy claro y honesto con lo que uno hace con su propia energía.

9. Las siete potestades del ego

E L EGO PUEDE ser visto desde muchas perspectivas, y creo que el mundo jamás terminará la discusión sobre qué es el *ego*. Filósofos dicen que no existe, psicólogos afirman que se puede neutralizar, mientras que otros sostienen que no debe eliminarse, sino educarse. Algunos hablan del llamado «ego espiritual», que para mí es el mismo ego de siempre, sólo que no había sido visto con claridad. En la ayahuasca, la abuela te enseña a dialogar con él en lugar de intentar matarlo.

La perspectiva que quiero compartir contigo es una que María Magdalena me enseñó. Me la transmitió a través de sueños proféticos que fueron confirmados por viajes que realicé. En el plano astral, me mostró ascensores, escaleras y otros símbolos que tuve que aprender a interpretar. A través de estas señales, me guio hacia la sanación de mi historia de abuso sexual mediante la ascensión en la escalera de los siete egos.

Así que no tomes esto como una verdad única e indiscutible. Esta es sólo una de las muchas perspectivas sobre el ego. Sinceramente, me gusta. Mi psicóloga una vez me dijo: *¿Por qué habría que matar el ego?* Y ahora, tras integrar esta enseñanza de María Magdalena y lo aprendido en la ayahuasca, pienso en lo diferente que es cuando la voz que prevalece es la de la sabiduría y el amor.

El segundo libro que llegó a mí sobre María Magdalena fue el de Karen L. King, *The Gospel of Mary of Magdala*. Este libro no está disponible en español, sólo en inglés.

Fue el libro que me ayudó a entender todo. He investigado con varios autores serios sobre *El Gospel de María Magdalena*, ya que quería obtener diferentes perspectivas. También vi conferencias al respecto y, por supuesto, logré confirmar muchas cosas con los viajes que hice a Inglaterra y al sur de Francia.

Breve historia del hallazgo de los manuscritos

Todo comenzó en El Cairo, cuando un viajero encontró en un mercado a un hombre que le ofreció un manuscrito: unas hojas sueltas escritas en copto. El vendedor aseguró que las había encontrado en un pequeño hueco en una pared en la región de Akhmim en Egipto central, cerca del Nilo.

Este hombre, un peregrino alemán, compró los documentos, los llevó a Berlín, los tradujo y, para su sorpresa, encontró en ellos una conversación y unos apuntes que parecían una enseñanza sumamente importante.

Con el tiempo y con la ayuda de contactos, logró establecer que estos escritos podrían pertenecer a algún apóstol que compartió con Jesús. Más adelante, finalmente se identificó que eran notas de María Magdalena sobre conversaciones que tuvo con el Maestro Jesús y con los apóstoles.

El Gospel de María Magdalena ha dado muchas vueltas a lo largo de la historia. Hubo intentos de robo de algunas hojas, e incluso la quema de ciertos fragmentos. La persona que encontró los documentos no pudo publicarlos en vida y murió sin lograrlo. Tras muchas dificultades y problemas para hacerlos públicos, la Universidad de Harvard, a través de su Facultad de Teología, tuvo acceso a ellos y permitió a Karen King realizar una de las traducciones oficiales. Existen varias traducciones reconocidas.

Expertos han comentado que el análisis teológico presentado por Karen King es uno de los más precisos y acertados.

Luego, lo leemos quienes tenemos una visión más mística y no estamos atados a un enfoque meramente dogmático, extrayendo nuestras propias conclusiones. Así como yo, muchas personas han encontrado un profundo interés personal en las enseñanzas de María Magdalena y han dedicado años a investigar su vida y su mensaje.

Existen muchas personas que llevan 15 o 20 años en este proceso investigativo serio, basándose en relatos, libros, estudios históricos y experiencias personales. En mi opinión, es fundamental integrar ambas dimensiones: la racional y la espiritual. El contexto histórico es importante porque, en este caso, no se trata de un personaje de cómic, sino de una persona real que vivió en este plano y dejó una huella histórica, verbal y mística.

En mi investigación también encontré libros de autores que crearon una novela imaginaria alrededor de la vida de María Magdalena, pero que tienen teorías que no resuenan mucho conmigo. Algunas de ellas se alejan bastante de la verdad histórica y continúan poniéndola en una estatuilla sexual que en realidad no aparece en sus papiros.

Les cuento varias cosas que leí y que, al contrastarlas con mis viajes, los textos encontrados y los relatos de teólogos e historiadores serios en el tema, me di cuenta de que no son más que un invento:

❀ Que María Magdalena estaba casada con un hombre borracho, sufrió mucho y, buscando ayuda, encontró a Jesús, quien la salvó.

❀ Que María Magdalena sí fue prostituta, pero que se arrepintió, buscó a Jesús y él la salvó.

❀ Que estaba casada y tenía un hijo, pero que, al conocer a Jesús, los abandonó por seguirlo y salvarse.

❀ Que era una maestra tántrica y sexual y que, en esa época, se dedicaba a ese oficio, por lo que la llamaban prostituta.

✿ Que tenía un tatuaje de una serpiente en el brazo o un brazalete con forma de serpiente, y que por eso la llamaban prostituta.

✿ Que fue obligada a casarse con un hombre rico, pero cuando conoció a Jesús, lo abandonó y se salvó.

Leí estas afirmaciones en libros, las vi en videos y en internet, pero siguen sonando muy exageradas. En todas, la presentan como una mujer pecadora, incompetente o necesitada de salvación. Además, ninguna de estas afirmaciones tiene confirmación histórica. En esa época, el movimiento cristiano no existía todavía, María Magdalena y Jesús eran judíos, y no hay un contexto investigativo sólido que respalde estas ideas.

Por supuesto, afirmar con un 100 % de certeza que las cosas fueron de una manera u otra es imposible, ya que estamos hablando de una historia de más de dos mil años. Sin embargo, si nos basamos en los papiros atribuidos a ella, en los lugares donde vivió, en investigaciones de universidades y de historiadores, estas teorías se alejan muchísimo del contexto histórico. Incluso cuando este es incierto, hay registros en templos, iglesias y sitios místicos alrededor del mundo que apuntan en otra dirección, aunque hayan sido alterados o interpretados desde diferentes creencias.

También hay quienes afirman que ella era pobre, que no sabía leer ni escribir y que, por lo tanto, no pudo haber dejado nada escrito. Digamos que eso fuera cierto, que María Magdalena era analfabeta y que nunca escribió nada. Aun en ese caso, podemos enfocarnos en la importancia de los papiros que fueron encontrados, llevados a Berlín y que pasaron por innumerables dificultades antes de ser publicados. Sin importar quién los haya escrito, sus mensajes sirven para ayudar al alma en su ascensión. Son textos que van mucho más allá de una percepción religiosa y dogmática; son una invitación a explorar en profundidad nuestra historia y nuestro ser.

Para mí, fue ella quien los escribió. Así lo quiero creer, así lo creo. Y por las experiencias que he tenido, confirmo que he sido guiada en este camino. Estoy segura de que cualquiera que lea este libro o cualquier otro sobre María Magdalena será guiado a sanar algo muy profundo en su vida, un bloqueo que tal vez aún no comprende, y que esto lo ayudará a encontrar paz y plenitud.

El enfoque que aquí presentamos es la ascensión de las siete potestades del ego. En estos papiros, María Magdalena trata varios temas o, mejor dicho, registra varias conversaciones que Jesús tuvo con ella y con los apóstoles. Se afirma que estos escritos contienen las enseñanzas que Jesús le dejó a ella y que ella, a su vez, plasmó por escrito. Se dice que todo lo que aparece en estos papiros son afirmaciones directas de Jesús sobre distintos temas.

Los papiros exponen cuestiones fundamentales como la naturaleza de la materia, la naturaleza del pecado, quién es Dios, y contienen conversaciones entre ella y los apóstoles. En este libro nos enfocamos en una de las enseñanzas más profundas: las siete potestades del ego. Sin embargo, hay muchas otras enseñanzas poderosas en este *gospel*, en estos papiros.

Realmente recomiendo a todo buscador, a todo místico y a toda mujer en busca de su identidad —o de una mayor profundidad en su camino de consciencia—, adentrarse en el estudio profundo de las enseñanzas de María Magdalena.

La Ascensión del Alma

En el libro de Karen L. King, *The Gospel of Mary of Magdala*, que es una de las traducciones oficiales y originales de los papiros, María Magdalena escribe y relata una conversación que el alma comienza a tener con las emociones. Se desarrolla de la siguiente manera:

Esa conversación comienza con lo más bajo, lo más denso: *el deseo*. Esta emoción habla con poder y autoridad, y le dice al alma que nunca la había percibido, que no la vio subir ni bajar. Le dice que miente, que ella —el alma— le pertenece al deseo.

El alma responde:

—Sí te vi, pero tú no me viste ni me conoces. Confundiste la vestidura que llevo puesta con mi verdadero ser, por eso no me reconociste.

Cuando el alma toma el protagonismo y su propio poder, esa emoción llamada *deseo* se desvanece, se disipa y desaparece.

Después aparece el tercer poder: *la ignorancia*, que examina al alma muy de cerca y le pregunta:

—¿A dónde vas? Estás atada a la debilidad, de hecho, ¡estás muy atada! No juzgues.

El alma responde:

—¿Por qué me juzgas si aún no he pasado el juicio? Sí, he estado atada, pero yo no he atado nada. Ellos no me reconocen, pero yo he reconocido que el Universo será disuelto, al igual que la Tierra y las cosas del Cielo.

Cuando el alma logra que este tercer poder pierda su autoridad, es cuando se enfrenta al cuarto poder o potestad.

Las potestades son siete:

- La oscuridad
- El deseo
- La ignorancia
- El celo por la muerte
- El reino de la carne
- La tonta sabiduría de la carne
- La sabiduría del iracundo

Estos son *los siete poderes de la ira*.

Todas estas potestades interrogan al alma y le preguntan:

—¿De dónde vienes, asesino humano? ¿A dónde vas, conquistador del espacio?

El alma responde:

—En un mundo fui liberado. Lo que me ataba ha sido destruido. Mi deseo ha llegado a su fin y la ignorancia ha muerto. He sido liberado de este mundo y de la cadena del olvido que existe en el tiempo. A partir de esta hora, en el tiempo debido del eón, recibiré descanso en silencio.

El alma se libera de todas las potestades cuando entiende que son sólo capas, máscaras que ha buscado para evadirse de su verdadera naturaleza. Toma su poder y protagonismo, y enfrenta a todas las emociones, diciéndoles que ya no tienen poder sobre ella.

El papiro termina diciendo que, en ese momento, María Magdalena queda en silencio porque el Maestro le habló hasta ese punto.

Las Siete Potestades del Ego

Estas son *las siete emociones densas* que toda persona que viene a este plano experimenta y debe experimentar. Algunos las vivirán en su extremo, otros sólo un poco, pero *todos*, sin excepción, venimos a aprender de ellas.

El alma de cada uno debe aprender a dominarlas, integrarlas y transformarlas con luz y amor. Todos venimos a esta escuela donde el alma experimenta esas emociones desde lo más bajo para ascender y finalmente volver a donde pertenece, sin ataduras a la materia.

¿Podríamos decir que estas siete potestades son los siete pecados capitales? En parte sí y en parte no. Los siete pecados capitales que nos presenta la religión son:

- ❀ Soberbia
- ❀ Avaricia

- ❀ Lujuria
- ❀ Ira
- ❀ Gula
- ❀ Envidia
- ❀ Pereza

Aquí quiero aclarar algo: la razón por la que uso *Gospel* y no *Evangelio* es porque la palabra en inglés *Gospel* proviene del inglés antiguo: *God*, que significa «bueno». *Spel*, que significa «noticias». Por lo tanto, *Gospel* significa *buenas noticias*. Por otro lado, *Evangelio* tiene una connotación mucho más dogmática y cerrada con la que personalmente no me identifico. Por esta razón, prefiero mantener el título de la traducción original de los papiros en inglés: *El Gospel (Las Buenas Noticias) de María Magdalena*.

Lo que encontramos en los papiros de María Magdalena son las siguientes:

Primera potestad: La oscuridad

No puede ser vista, pero sí sentida. Produce miedo y lleva a vivir en él, a una mentalidad negativa que alimenta aún más pensamientos oscuros. ¿Cuántos hemos pasado más de 30 años sumidos en la oscuridad por traumas o circunstancias que no hemos logrado superar? La muerte de un ser querido, la imposibilidad de perdonar, la adicción a las drogas, al sexo, a la comida… La oscuridad se manifiesta de diferentes maneras. Algunas personas se acostumbran a vivir en ella, otras la han desarrollado tanto que comienzan a emitir una falsa luz que, en realidad, sólo hace daño.

¿Cuántos viven en la oscuridad de la brujería, los amarres, los entierros, las dominaciones sobre otros? Creen que están en la luz, piensan que hacen el bien, pero en realidad llevan mucho tiempo sumidos en la penumbra. ¿Cuántos han pasado años luchando con problemas económicos, con la violencia, con asesinatos sufridos o cometidos? Todos atravesamos momentos de oscuridad en diferentes niveles y formas: algunos en una penumbra gris, otros con una falsa luz, y otros en completa oscuridad. El alma viene a experimentar todo eso.

Muchas almas eligen encarnar para vivir completamente en la oscuridad. Nos preguntamos cómo es posible que alguien viole a un niño o que alguien haga daño de manera sistemática. Son almas que eligieron ese camino, y a veces tocar fondo es la única forma de salir realmente a la luz.

Si lo analizamos, cuando estamos en un cuarto oscuro, nuestros ojos buscan cualquier destello de luz. Solamente hace falta una vela, la pantalla de un celular, una rendija en la ventana. Sólo en la oscuridad absoluta nos damos cuenta de que necesitamos un punto de luz. La oscuridad es la ausencia de luz. Por eso muchas almas eligen irse a los extremos. Tal vez en otras encarnaciones no aprendieron la lección de forma sutil, menos dolorosa. Tal vez tropezaron con la misma piedra muchas veces, pero como aún tenían algo de luz, lo pasaron por alto.

Aquí expongo varias perspectivas de la oscuridad, pero esa es la potestad del ego de la oscuridad: estar tan sumergidos en ella que nos volvemos parte de ella. A veces, es necesario ir más al fondo para encontrar la luz.

Algo similar me dijo una vez mi psicóloga:

«Moni, a veces la gente no cambia porque no ha comido suficiente mierda. Tienes que dejar que cada cual siga su proceso. No sabemos los deseos y designios de su alma».

Segunda potestad: Deseo o avaricia

Se trata de buscar satisfacción en lugares donde el alma no puede alimentarse: dinero, posesiones, títulos… Creer que sólo eres alguien si tienes cinco maestrías, cinco carros, una casa en el barrio más caro y viajas cada mes a destinos exclusivos. Considerarte valioso únicamente si estás casado con Patricia, la que estudió en tal universidad y proviene de una familia de renombre.

Vivir buscando estatus social, vestirte con ciertas marcas, relacionarte solamente con cierto tipo de personas. Hacer cientos de videos en redes sociales para mostrar posesiones y demostrar así tu «valor». Sólo sentir satisfacción si tienes 50 pares de zapatos, si cada fin de semana compras ropa nueva, si únicamente comes en los restaurantes más exclusivos.

Desde una perspectiva consciente, el deseo descontrolado te mueve hacia el *hipermaterialismo*. Y aquí no estamos hablando de la abundancia, de esa capacidad que todos tenemos de vivir bien y cumplir sueños materiales, por ejemplo, tener una casa u otras comodidades. El problema surge cuando ese deseo se convierte en avaricia y se vuelve el único objetivo en la vida.

Cuando sólo giras en torno a un círculo social de clase alta, cuando excluyes la importancia del alma y el espíritu, cuando sientes que ciertos espacios o personas no son dignos de ti, cuando te obsesionas con lo superficial y material..., es allí cuando el deseo ha tomado el control de tu vida.

Yo crecí en una familia con pocos recursos y, cuando comencé a trabajar y ganar mi dinero, me di cuenta de que quería, a toda costa, pertenecer a esos grupos de mujeres exclusivas, de familias de renombre. Pensaba que, si lograba entrar en ese círculo, tendría más oportunidades de ser vista, de casarme con alguien que me diera estatus, que me llevara a eventos importantes y me hiciera sentir como esas personas que salen en revistas.

Gastaba lo que ganaba en ropa que apenas usaba, ahorraba para comprar bolsos y zapatos que me permitieran encajar en ese estatus. Me obsesionaba con estar en el círculo de las mujeres privilegiadas, aunque ni tenía cara de modelo ni venía de una familia influyente. Pero quería pertenecer.

¿A cuántas personas no les pasa esto? A miles. De hecho, muchas familias enteras viven de la apariencia, incluso cuando no tienen nada. Porque no se trata del poseer, sino del aparentar.

Yo me di cuenta de que compraba cosas para evadir mis emociones, para distraerme de mí misma. Viajaba y, en lugar de disfrutar, me pasaba el tiempo en centros comerciales. Cuando compramos cosas innecesarias, podemos pasar horas imaginando en qué ocasión usarlas, cómo nos verán los demás, cómo nos percibiremos a nosotros mismos. No obstante, esto va más allá del amor por nuestra presentación y cuidado personal; esto tiene más que ver con que en el pensamiento solamente está el estatus, sólo hay deseo, vaciedad, falta de propósito.

Cuando ese deseo domina, nada es suficiente; el materialismo y las cosas materiales siempre van a faltar. Por algún lado u otro, la insatisfacción aparece, porque en el fondo no se trata de eso: la insatisfacción viene de adentro. Sólo que, en diferentes dosis y medidas, somos manejados por esa potestad. Ahí el alma no evoluciona; hay mucho apego a la materia.

Tercera Potestad: Ignorancia

Vivir creyendo que todo lo que nos dicen es cierto y real, sin usar el discernimiento ni cuestionar nada. Creer que lo sabemos todo y no estar abiertos a aprender. La ignorancia puede ser intencional, porque tememos ser juzgados por cuestionar a los demás o ciertas imposiciones que no sabemos de dónde provienen.

Aquí podríamos incluir los dogmas religiosos: no cuestionamos quién nos impuso la idea de que sólo asistiendo a un determinado lugar estaremos en contacto con «Dios» y que, si no es así, vivimos en pecado. Jamás cuestionamos la imposición de cierto camino religioso ni preguntamos por qué no otro. Nunca nos preguntamos por qué en nuestra familia las cosas siempre se han hecho de una sola manera y por qué no hay apertura a hacerlas de otra forma.

La ignorancia también puede verse desde múltiples perspectivas. Por ejemplo, una persona religiosa podría decirme que soy ignorante porque no acepto a Jesucristo como mi Dios. Desde su punto de vista, lo ve así. Pero tal vez esa persona nunca ha estudiado ni cuestionado si «Cristo» y «Jesús» son términos diferentes. Tal vez desconoce que aquí expongo las enseñanzas que Jesús dejó a María Magdalena, pero se niega a escucharlas porque considera que es un pecado.

La ignorancia puede ser un arma de doble filo: uno puede juzgar al otro de ignorante simplemente porque no piensa como uno o porque no ha recorrido el mismo camino. Sin embargo, desde la perspectiva de María Magdalena, la ignorancia es cuando pasamos por alto todo, como si nada importara. La vida pasa por nosotros, en lugar de que nosotros pasemos por la vida.

Vivimos cargados de máscaras, como lo expone en la conversación que la ignorancia sostiene con el alma. Nos falta la capacidad de ver más allá de nuestras acciones, de comprender las consecuencias de nuestras palabras y actos. Es la incapacidad de ver el panorama al lanzar una mala palabra en internet, una maldición a una persona, robar, cobrar de más, aprovecharse del otro, mandar a hacer trabajos, realizar contratos y/o pactos con el completo desconocimiento de las consecuencias que esas acciones tienen sobre el albedrío del otro.

He atravesado momentos en los que he recibido ataques energéticos y psíquicos, lo que comúnmente se llama «brujerías» o «entierros». En esa época de oscuridad me preguntaba: *¿por qué la gente hace esto?* Con ayuda de quienes me guiaron, llegué a dos conclusiones: una razón es el profundo dolor no reconocido, y otra es la ignorancia.

Me hice consciente de las veces en que, con rabia y frustración, maldije a otros deseando que pagaran por lo que me hicieron. Esas maldiciones tuve que limpiarlas y pedir disculpas. Pasar por experiencias tan dolorosas me hizo comprender que todas las palabras tienen poder y que todos nuestros actos tienen consecuencias. Comprendí que la ignorancia nos lleva a hacer cosas que luego lamentaremos con mucho dolor.

Cuando la potestad de la ignorancia nos domina, nos volvemos ciegos e incapaces de ver más allá. Y cuando esto ocurre, se combinan las demás potestades para mantenernos en la oscuridad.

Cuarta Potestad: Celo por la Muerte o Devoción a la Muerte

Es el deseo del suicida, la falta de ganas de vivir, la incapacidad de apreciar la vida. Puede manifestarse de muchas maneras: a través del consumo de drogas, la mala alimentación, cualquier tipo de adicción o la despreocupación total por nuestra existencia. También se manifiesta en aquellas personas que viven constantemente con pensamientos de muerte, con frases como *«algún día quiero acabar con todo porque nada tiene sentido»*.

A veces, esta potestad se oculta en una profunda oscuridad que no nos atrevemos a enfrentar, algo que no nos atrevemos a sacar a la luz. Tal vez sentimos vergüenza de mostrarnos tal como somos, nada vale la pena, todo está mal, por lo tanto, en lugar de buscar la solución, se va tras la muerte.

Otra forma en la que esta potestad se expresa es el vivir al límite. No se valora el cuerpo ni la vida, todo se lleva al extremo. Se come en exceso hasta desarrollar enfermedades como la diabetes. Se cae en el alcoholismo y la drogadicción. Se es adicto al sexo, a los riesgos, a la adrenalina de estar al borde del peligro, deseando inconscientemente que algo ocurra y termine con todo.

Algunas personas podrían decir que esto es *no tenerle miedo a la muerte*, pero en realidad, es *tentar a la muerte misma*. Estás tan desconectado de ti mismo que no valoras el estar en el presente, por lo cual todo se vuelve un riesgo. Ahora bien, dime si los que desarrollamos una adicción no experimentamos muchas muertes constantes; es prácticamente estar muerto en vida.

Cuando se experimenta un verdadero despertar de consciencia, se dan muchas *muertes del ego*. Pero estas son distintas a esta potestad, porque implican un proceso de sanación. Sin embargo, cuando no estamos sanando sino simplemente despreciando la vida, permitimos que esta potestad nos domine.

Entonces, surge la pregunta: *¿realmente somos nosotros los que estamos eligiendo vivir así, o es esta potestad la que nos domina y nos arrastra hacia la autodestrucción?*

Quinta potestad: El reino de la carne

Vivir en torno al deseo carnal más que al espíritu: la masturbación, la adicción a los tríos, los juguetes sexuales, el porno, las revistas eróticas, vendernos de cualquier forma o medio. A veces, estar dominado por la potestad del reino de la carne no es sólo propio de la prostitución. ¿Cuántas personas se casan únicamente por deseo sexual a cambio de seguridad económica? ¿Cuántas buscan aprobación en redes sociales exhibiendo su cuerpo, sin ser conscientes de que esta potestad las controla?

También están quienes promueven la música que incita al uso irracional del sexo, quienes practican cuartetos y tríos sin considerar el impacto energético de ello. Sé que muchos leerán esto y dirán: *¡Qué mojigata! ¡Qué monja!* Pero lo cierto es que todo eso forma parte del reino de la carne. Esta potestad del ego nos domina cuando nuestras decisiones giran exclusivamente en torno al placer del cuerpo, dejando fuera cualquier consciencia sobre el alma.

Podemos estar atrapados en esa potestad, siendo manejados por otras energías y entidades que se asocian con la potestad en sí para seguir manteniéndose en pie. Lo sé porque durante muchos años esta potestad dominó mi vida.

Estoy convencida de que la mayoría de los que hemos sido dominados por el reino de la carne llevamos una raíz en común: el abuso sexual. Esta potestad se vuelve una justificación inconsciente, un escape, una forma de decir *pobrecito yo*, perpetuando el papel de víctima. Si observamos con atención, podemos notar que en distintas etapas de nuestra vida experimentamos varias potestades al mismo tiempo. En mayor o menor medida, todas han estado presentes en nosotros.

Algunas personas viven en el reino de la carne porque les da placer, otras lo hacen desde la disociación del cuerpo. En mi caso, me sucedía lo segundo. No tenía control sobre mi propia energía sexual; permitía que otros hicieran conmigo lo que quisieran. Para sanar, es necesario llegar a la raíz de cada potestad y comprender su origen. Pero, sobre todo, es esencial sentir, integrar y sanar para que ninguna de ellas domine nuestra vida. El alma debe tomar el liderazgo. Como en la conversación que describe María Magdalena, debe ser ella, *el alma*, quien guíe nuestras acciones.

Sexta potestad: La tonta sabiduría de la carne

Creer que sólo existe el cuerpo y la materia, y que el alma no existe. Literalmente, es la mente intelectual, la que no logra salir de lo racional: solamente hechos científicos, estudios científicos, comprobaciones de laboratorio... pero nada del sentir.

Únicamente cree y lee lo que está comprobado por el científico de renombre. Su parte del fluir, del dejarse sentir, no existe. «A mí me lo compruebas con estudios científicos o no te creo nada». Me encanta que María Magdalena lo expone como la *tonta sabiduría*, porque en realidad es tonto y muy egocéntrico pensar que el mundo en el que vivimos —en el que día a día nos pasan cosas inexplicables, como encontrarse en el preciso instante con un amigo del colegio después de 15 años, en cierto lugar, en cierto día especial— fue científicamente planeado. ¿Cómo va a ser que encontrar una persona con la que compagines y crees una familia hermosa fue producto de un estudio científico? ¿Cómo va a ser que el amor que sientes por tu hijo o por tu mascota que te salvó la vida tenga que ser demostrado con pruebas?

Todo eso que nos pasa, mágicamente, sincrónicamente, son las maravillas de este mundo que nos falta entender. *No somos solo el cuerpo*: somos alma, somos espíritu. Es tonto pensar que no pasa nada con este cuerpo, que lo puedo alimentar como quiera, que igual, cuando me muera, se pudre y ya, que no va a pasar nada después. Entonces me hago daño, no cuido la máquina, pienso que no existe nada más allá de este cuerpo, que no hay energía en cada órgano y en cada parte mía. Sólo soy huesos y piel... y ya.

El amor es algo químico, solo eso y ya; los sueños, solo una reacción química. ¿Divinos? Para nada. Solamente somos un costal de huesos, como dicen muchos. La *tonta sabiduría de la carne* no nos permite experimentar nuestras habilidades álmicas, nuestros dones, que todos, absolutamente todos, traemos con nosotros.

¿Tú crees que sólo la famosa de Instagram puede canalizar y contactar con los muertos? Falso. Tú también lo puedes hacer. Estás tan dominado por la *tonta sabiduría de la carne* que no te permites ver más allá de las bambalinas y las cortinas.

Quita la cortina de la obra de teatro en la que vives. Somos energía, somos espíritu, somos alma. El cuerpo no hay que olvidarlo: se deben integrar las dos cosas. Tampoco podemos irnos al extremo de pensar que sólo somos espíritu, que no necesitamos médicos. Los científicos también son necesarios. El que trata la mente, como un psicólogo, también es necesario. Los que hacen pruebas químicas y demás, también lo son.

La perfección humana de la que habla Jesús en el *Gospel de María Magdalena* es la unión y el equilibrio del cuerpo y el alma. Esos dos, ese equilibrio, nos lleva al *Nous*.

Platón y Plotino hablaban del *Nous*. En el *Gospel de María Magdalena* también se toca el tema, aunque no precisamente con la misma terminología. La cuestión es que, para llegar a ese *Nous*, debemos dejar de ser tan racionales y tan ingenuos. Debemos estar en equilibrio con los dos.

Séptima potestad: La sabiduría del iracundo

La persona que vive llena de ira todo el tiempo y cree que está bien. Que tener ira extrema por el resto de su vida, que odiar a sus semejantes o desconocidos es normal. Que cree que se defiende haciendo daño a los demás de manera ignorante. Esa es una persona completamente dominada por la ira en la ignorancia, porque no lo sabe. Toda su vida ha sido dominada por la rabia y la ira, y al final, cuando tiene 80 años, la gente dice: «*Siempre ha tenido un carácter terrible*». Esa persona está dominada por la *sabiduría del iracundo*. No es manejada por su alma, no vive en paz.

Como todas las potestades, la ira tiene una raíz: un trauma, una conversación no tenida, un dolor extremo al que jamás le hemos prestado atención y que, con el tiempo, se apodera de nosotros.

Cuando estudié esta parte de los papiros de María Magdalena, fue como un *eureka* gigante para mí. Mi mente se iluminó porque todo comenzó a tener sentido. Comprendí cómo mi vida había sido dominada por la promiscuidad, sin sanar el trauma de mi violación. Mi vida estaba completamente dirigida por la entrega a la carne, a lo sexual. Por si no lo sabes, el sexo también es energía, es el chakra sexual, la energía de la creación. Mis sentidos estaban completamente dominados por ese ego, en conexión con una entidad, una entidad femenina, por lo cual era adicta a la masturbación y permitía que a mi cuerpo le hicieran muchas cosas.

Además, en el fondo, tenía ira, una rabia inmensa contra mí misma, contra el mundo, contra la vida que me había tocado, contra mi historia de vida. Era amargada, juzgona, me quejaba de todo. Tenía muchísima ira interna y ni siquiera sabía cómo sacarla. Ni siquiera sabía que la tenía.

La ira puede manejarnos toda la vida silenciosamente. Nos resistimos a perdonarnos, a perdonar a los demás. Maldecimos a la madre que nos tocó, al abusador. Buscamos venganza de cualquier forma posible. Queremos que el otro sufra, que llore, que le vaya mal, que todo se le devuelva. La ira es tremenda.

Nos volvemos morbosos con el dolor ajeno. Cuando escuchamos historias de sufrimiento, buscamos sacar la rabia en el otro. Nuestro enfoque está en juzgar, pues continuamos bajo el poder de la emoción que más nos domina. Cazamos peleas en todas partes. Nos irrita lo más mínimo: un ruido, un mosquito. Sentimos que todo debe hacerse a nuestra manera, porque, de lo contrario, nos sentimos provocados.

Bajo esta potestad, todo tiene que ser como lo digamos y lo pidamos. Nos hace, de forma frecuente, ejercer un control iracundo, incluso sobre aquellas cosas que no se pueden controlar. Constantemente estamos testeando a los demás, esperando el momento en que podamos explotar. Somos una bomba a punto de estallar.

Pero ¿realmente estamos enojados con la mesera? ¿Con el quinto novio que nos falló? ¿Con nuestra pareja o nuestros amigos? No. La raíz de la ira viene de algún momento de nuestra infancia en el que fuimos maltratados. Ese maltrato puede haber sido físico, emocional o psicológico.

En mi caso, mi ira venía del maltrato físico, de los golpes, de la violación de mi cuerpo, de la manipulación mental. Con el tiempo, esa rabia se acumuló y también se convirtió en ira hacia mí misma. Porque inconscientemente, me hice daño.

Un día en terapia me pusieron la actividad de la almohada: *gritarle a una almohada*. No pude. Me daba vergüenza que alguien me escuchara. Era incapaz de ponerme la almohada en la cara y gritar. Qué locura, ¿no? Un ejercicio tan básico, pero no pude hacerlo.

Por mucho tiempo, soñé con ir a algún lugar donde no hubiese personas, por ejemplo, a una playa desierta y gritar muchísimo. Soñé con meterme en una piscina y gritar y gritar. Poco a poco fui practicando con la almohada, hasta que lo logré. Incluso la mordía.

Recuerdo que, en mis primeras tomas de yagé, quería hacerme daño físicamente. Metía las manos en el pasto y lo arrancaba con desesperación, hasta sentir dolor en las uñas. Así se ve la rabia.

En mis terapias con la psiquiatra de EMDR, ella notó que todavía tenía esa ira muy dentro de mí. En su consultorio me enseñó un ejercicio con un cojín. Me senté en un sofá con la espalda recta, tomé el cojín con ambas manos, lo estiré a la altura de mi pecho, lo agarré tan fuerte como pude y, frente a él, grité.

Hicimos el ejercicio varias veces en una misma sesión. Le grité todo a mi abusador. Le dije malas palabras. Le dije que lo odiaba. Después lo hice con mi mamá. Con mi papá.

Me imaginé que el cojín era cada una de las personas con las que tenía rabia.

Cada vez que grites y expreses con fuerza lo que sientes, debes hacerlo con toda tu energía. Pellizcar el cojín, agarrarlo con rabia si es necesario. Las claves de este ejercicio son:

- No acercar el cojín a ti.
- Estirar los brazos y mantenerlo frente a ti.
- No soltarlo hasta sentirte satisfecho.
- Finalmente, dejarlo caer al piso sin más.

¡Qué cosa más liberadora! Intenté de todo para sacar la rabia. Arranqué pasto hasta que me dolieron las uñas. Mordí la almohada hasta que dije: «*Es suficiente*». Grité al mar en una playa solitaria. Grité bajo la lluvia y entregué mi ira al cielo. Finalmente, logré canalizar mi ira a través del ejercicio del cojín. No fue algo inmediato. No fue algo que ocurrió en un mes. Me tomó años. Pero lo logré.

Conocí a una persona que me mostró de frente la ira nuevamente. Compartí varios días con ella y, en una ocasión anterior, si no hubiera sanado esa emoción, la habría apoyado en su constante queja por todo lo que pasaba en su vida y en su deseo de venganza, que nacía de la necesidad de encontrar revancha por todas las penas y lágrimas que había sufrido.

Al principio, la juzgué, claramente. Pero poco a poco, cuando me fue contando su historia, comencé a verla con compasión. Había sufrido maltrato físico en su infancia, mucho rechazo materno y rechazo de casi todos los miembros de su familia. Le era difícil expresar sus emociones o llorar, y soltar la ira se había convertido en un desafío casi imposible. Se quejaba por todo y cualquier pequeña cosa en el ambiente la disgustaba enormemente, como si todo fuera un detonador. Su necesidad de control era extrema.

Vi en ella muchas de las señales que yo misma había tenido en el pasado; en un momento elegí cerrar los ojos y pedirle a María Magdalena que la ayudara, que en ese intercambio de palabras y tiempo que compartimos, en algún punto escuchara el nombre de María Magdalena y se encaminara por el camino del perdón, tanto hacia sí misma como hacia quienes le habían hecho daño.

Se lo manifesté en voz alta. Le dije que le deseaba que encontrara el camino para sacar todo ese sufrimiento de su vida. Lo que no sabe, y no le dije, es que especialmente le pedí a María Magdalena que la guiara para encontrar ese amor interno que tenía, pero que no lograba reconocer.

Después de eso, la vi diferente. Comprendí el porqué de sus palabras y acciones, y entendí que mi relación con la potestad de la ira había cambiado. Ya no me dominaba, porque si aún lo hiciera, habría buscado discutir con ella en todo momento.

Abrazar la ira también significa soltar la necesidad de control. No puedes controlar el viento, el agua, la vida de los demás, la lluvia ni las circunstancias. Tampoco puedes controlar el comportamiento de otro. Sólo queda poner compasión, soltar y permitir que cada uno sea como quiera ser.

Por supuesto, también uno elige cuánto tiempo ser parte de la vida de personas así: por un rato, por un tiempo prolongado o, simplemente, nunca. Todo depende de nuestra capacidad para ver las cosas desde otra perspectiva y no enredarnos en las mismas narrativas. La ira no soporta la paz; le encanta el drama, la violencia, la discusión, la tensión. Uno elige el silencio, por ejemplo. A veces, es mejor tener paz que tener razón.

Si te das cuenta, no es solamente una potestad la que nos domina, sino una combinación de varias. Yo tenía algo de ira, pero también ignorancia, porque creía que vivir con ira era lo más normal del mundo. Hasta cierto punto, sí lo es. Pero ¿qué pasa cuando tus días enteros son consumidos por esa emoción? También sentí envidia. Busqué además la muerte en dos ocasiones. Asimismo, me dejé llevar por las cosas materiales, aceptando que otros hicieran conmigo lo que quisieran a cambio de posesiones o favores.

Si analizas tu vida, te darás cuenta de que hay alguna de estas potestades que domina tu existencia, pero las otras, silenciosamente, trabajan en conjunto para mantenerte atrapado en el dolor.

❀ ❀ ❀

¿Qué te parece esta perspectiva del ego?

Muchas veces nos preguntamos qué es el ego, o le decimos a alguien: «Es que tienes mucho ego». Pero nunca nos detenemos a pensar: ¿qué emoción está manejando a esta persona? En nuestra ignorancia, nos apresuramos a tildar a alguien de egocéntrico, pero ¿y si en realidad está siendo dominado por alguna de las varias caras o potestades del ego?

¿Cuál es la que realmente debería sanar primero? ¿Cuál necesita atención para que, poco a poco, esa persona evolucione y pueda ver su propia alma sin las vestiduras impuestas por la materia y el mundo terrenal?

Espero que esta enseñanza profunda de María Magdalena te ayude a tener una perspectiva diferente. Si lees los papiros originales, notarás que la conversación comienza sin más. Quienes han investigado estos textos sostienen que todo lo que está escrito son enseñanzas que Jesús le transmitió a María Magdalena.

Pero siempre me ha quedado la duda, y siempre la tendré: ¿esa conversación entre el alma y las potestades fue un aporte personal de ella? En el papiro original, al final de esta parte, se dice que ella se queda en silencio, porque hasta ahí le habla Jesús. Pero, no sé por qué, quiero creer que ese aporte en específico es de ella.

De todos modos, no hay mucha discusión sobre esto; en esta conversación no es necesario filosofar demasiado. Lo que importa es la evolución de la consciencia, lo que debemos trascender y hablar en profundidad. No se trata de si María Magdalena fue prostituta o no, ni de seguir juzgando lo innecesario. Este es el verdadero centro y la importancia de lo que hoy en día María Magdalena viene a traer a muchas mujeres, porque somos nosotras quienes estamos más abiertas a investigar y sanar. Luego, poco a poco, los hombres también comienzan a interesarse.

Además, todo tiene una correlación profunda: las siete potestades del ego, los siete reinos según Dante, los siete chakras... Y, además, sanamos en espiral. De esto te hablaré más adelante, cuando te cuente sobre mi mágico viaje al sur de Francia y mi encuentro místico con los cátaros en la montaña de Montségur.

Este libro trata en profundidad la potestad del ego relacionada con el reino de la carne y la distorsión de la sexualidad, desde mi experiencia y tomando la hermosa y profunda enseñanza de Magdalena, la mujer que no fue prostituta, la mujer que me guió en la sanación de mi sexualidad.

¿Cuál es la potestad que tocó tu alma? ¿Cuál es la primera que tu alma quiere hacer consciente y cuáles otras, en silencio, susurran que también están presentes, aunque tal vez no lo habías notado?

A continuación, te presento algunas frases del libro de Karen King que quedaron grabadas en mi corazón:

«La ascensión del alma es apolítica y es individual. Si es apolítica, tampoco es religiosa».

«El alma aprende a rechazar la violencia, reconociendo que esto es contrario al espíritu de lo bueno».

«El Gospel de María Magdalena es una invitación para que el lector reconozca estas emociones y deje de ser cómplice de la violencia y la

dominación, entendiendo que la verdad de nuestro espíritu es todo lo opuesto a las siete potestades del ego. Es fundamental que las personas busquen la madurez espiritual».

Si el nombre de Magdalena ha causado tanta revolución en los últimos dos mil años y se ha inventado tanto sobre su historia, no debe ser por casualidad. En sus manos tenía una sabiduría que nos transforma de una manera inimaginable.

Gracias, gracias, gracias, mi Magdalena, por ayudarme a cambiar mi vida. Gracias por atraer a quienes leen este libro, porque sé que también los ayudará en un capítulo de su historia.

Tuve una conversación con la entidad de la promiscuidad que habitaba en mí durante una toma de ayahuasca. Llevaba ya casi tres años en ayuno sexual, purificándome de muchas cosas. También estaba en el proceso de aceptar mi cuerpo tal como es, sin rechazarlo, y de abrazar profundamente mi papel como mujer.

Días antes de esa toma, tuve un sueño en el que un inquilino con el que vivía se despedía de mí. Durante esas noches, me costaba mucho dormir, sudaba y sentía presencias extrañas. Tuve otros sueños en los que recibía instrucciones sobre los pasos que debía seguir para tomar consciencia de que yo era la única dueña de mi cuerpo.

Finalmente, en la ceremonia de ayahuasca, pedí a la abuela que me ayudara a sanar el tema de la promiscuidad. En un punto de la noche, pude ver y sentir una presencia frente a mí que no quería irse.

Entonces, recordé la conversación que María Magdalena escribió en los papiros y comencé a decirle a esa energía:

«¿Tú crees que me conoces? Pero no tienes idea de quién soy realmente. Crees que me perteneces, pero estás equivocado. Llevo

honrando mi cuerpo mucho tiempo, respetándolo y purificándolo, y ya no hay espacio para ti aquí. Agradezco la lección que me diste, agradezco lo que fuera que viniste a enseñarme, pero ahora vivo desde el amor. Ahora vivo lejos de la promiscuidad».

Mientras tenía esa conversación, vi muchas cosas: un animal sumergido en aguas turbias, una serpiente gruesa y grotesca, rostros desconocidos... Pero no sentí miedo. Me sentí segura, porque mi espíritu estaba tomando el control de mi vida.

Después de eso, salí de la *maloca* e intenté vomitar, pero no pude. En cambio, me encontré de pie frente a la luna y los árboles, moviendo mi cuerpo en señal de agradecimiento y honra. Repetí frases como: «Mi cuerpo sólo será tocado por manos de amor». «Nadie puede acceder a mi energía si no es desde el amor». «Estoy libre». «Soy la dueña de mi cuerpo». «Mi corazón y mi sabiduría son quienes hoy dirigen mi vida».

Esa noche, tuve la conversación con la potestad del ego que me dominaba. Y, finalmente, fue mi espíritu quien tomó el mando.

10. Los demonios de María Magdalena y los míos. La iniciación. La purga

DESPUÉS DE LEER lo anterior, ¿sigues creyendo que lo que supuestamente Jesús sacó de María Magdalena fueron siete demonios? Al respecto, los demonios son una creación de la psique. Aunque muchos, desde dogmas complejos, les pongan nombres, la realidad es que los pensamientos negativos se manifiestan en eso que llamamos demonios. Las entidades negativas existen, por supuesto. Vivimos en un mundo dual, donde existe la luz y la oscuridad para mantener el equilibrio. Si existen los seres de luz, también existen los seres oscuros. Hay muchos tipos de entidades y una gran cantidad de autores que explican cómo nacen o se crean.

En cuanto al tema de María Magdalena, considero que, cuando ella se encuentra con Jesús, él ya tenía un camino de trabajo espiritual y de consciencia adelantado. Jesús no llegó a este plano iluminado desde su nacimiento, tuvo que recorrer su propio camino, aprender, purgar y comprender. Seguramente, muchas personas lo ayudaron y guiaron en ese proceso.

Pero, además, María Magdalena no podía quedarse atrás. Si ella fue la esposa de Jesús, no podía ser cualquier mujer. Tenía que poseer un misticismo acorde con él. Por pura correspondencia energética, ambos debían compartir un camino de consciencia importante. María Magdalena no era una mujer común. El hecho de que Jesús la involucrara en su camino era la señal de que se avecinaba un cambio profundo en la consciencia sobre lo femenino.

En aquella época, la mujer era reducida a la nada. Imagínate la cara de muchos al ver a Jesús con María Magdalena a su lado. Aun así, en su inteligencia y con el camino que había decidido seguir, ella tuvo que ser muy discreta con lo que decía y hacía.

Aquí no quiero entrar en las teorías que afirman ciertas cosas sobre la personalidad de María Magdalena, porque nos alejaríamos del contexto histórico de su época y de su vida real, evidenciada en hallazgos concretos. Algunos aseguran que era una sacerdotisa que enseñaba alquimia egipcia y otros conocimientos a las mujeres de la época. Desde el punto de vista del arquetipo de sacerdotisa, claro que sí. De hecho, es un arquetipo que sigue vigente hoy en día. Pero no hay evidencia histórica que demuestre que públicamente se le conociera como sacerdotisa.

En el libro de Margaret Starbird, la autora señala referencias simbólicas que indican que María Magdalena pudo haber aprendido sobre el misticismo egipcio. Por ejemplo, el episodio en Betania donde se menciona la unción a Jesús, lo que ha llevado a asociarla con María de Betania, nombrada en algunos círculos cristianos y católicos. También se le relaciona con la mujer del frasco de alabastro, lo que ha llevado a algunos a vincularla con las sacerdotisas sagradas.

Aquí surge una gran confusión, porque un papa en la antigüedad decidió que todas esas mujeres eran la misma persona y, sin más, concluyó que María Magdalena era prostituta.

Sin embargo, es importante entender que, incluso en las culturas antiguas, las sacerdotisas sagradas consideraban el sexo como algo sacro. Era un don especial otorgado a las diosas del amor, asociadas con la fertilidad y el amor en la Antigua Grecia. No es de extrañar que hoy en día, en lugares como Glastonbury —un pueblo pagano y místico— se rinda tanto culto a las diosas, a la madre cósmica y a la mujer embarazada. Es evidente que la energía de María

Magdalena sigue presente en la actualidad a través de la adoración a lo sagrado femenino.

Volviendo a su época, la mujer tenía aún menos derechos y presencia de los que tiene hoy. Siglos después, muchas mujeres fueron perseguidas por la Iglesia y acusadas de brujería sólo por poseer conocimientos ancestrales. En ese tiempo, los hombres eran quienes tenían acceso al liderazgo en sinagogas y reuniones multitudinarias. Los rabinos eran hombres. Jesús y María Magdalena, por supuesto, eran judíos.

María Magdalena seguramente tuvo acceso a mucho conocimiento, pero, al igual que Jesús, debió actuar con discreción. No hay evidencia de que tuviera tatuajes de serpientes ni joyería con estos símbolos, como afirman algunas teorías modernas.

Lo que sí se sabe, según historiadores que han dedicado sus vidas a rastrear la huella de Jesús y María Magdalena, es que ella, al igual que tú y yo, era probablemente una mujer normal en apariencia y actividades cotidianas. Sin embargo, es casi seguro que, al igual que Jesús, su campo energético resaltaba en cualquier lugar al que llegara.

Algunos historiadores sugieren que estudió en las escuelas de Isis en Egipto, aunque no existe evidencia histórica que lo confirme. Tampoco pudo haber difundido abiertamente sus enseñanzas ni mostrar públicamente sus conocimientos.

Más allá de títulos y nombres, lo importante aquí es que una de las enseñanzas más profundas que he aprendido de María Magdalena es que los títulos son innecesarios para demostrar sabiduría mística. El verdadero trabajo del alma se nota en la transformación personal y en la luz que cada uno emana.

Lo que sí se conoce históricamente de Magdalena, y que además está representado en cientos de vitrales, pinturas y frescos en todo el mundo, es que definitivamente la mujer del jarro de alabastro sabía de aceites. De hecho, cuando Jesús muere, es María Magdalena quien prepara su cuerpo y lo unge con aceites para el sepulcro. Esta tradición es conocida desde el Antiguo Egipto como el oficio de la *mirrófora* (aunque también se encuentra escrito como *mirófora*).

Ahora bien, ¿de dónde proviene la tradición que el catolicismo copió y que hoy en día realizan los sacerdotes con la unción de los «santos óleos»? La primera mirrófora conocida, de hace más de dos mil años, es María Magdalena, y el aceite con el que ungió a Jesús fue el nardo. Por esta razón, se la representa constantemente con su jarro de alabastro. Más adelante, hablaré en detalle sobre las mirróforas.

Por otro lado, como he enfatizado varias veces en este libro, lo realmente importante es el mensaje contenido en los papiros de María Magdalena. Estoy segura de que ella quería que nos enfocáramos en eso, además de resaltar la importancia de su papel en el camino de Jesús. Ella fue la mujer que lo acompañó y conoció muy de cerca sus enseñanzas, sus más profundos temores, epifanías y revelaciones para una vida más plena.

Desde mi perspectiva, y enlazando todo lo que he aprendido sobre ocultismo, misticismo, iniciaciones y el camino de la consciencia, creo que lo que realmente sucedió fue que María Magdalena tuvo una *purga*, una limpieza energética y espiritual que, probablemente, formó parte de una *iniciación* antes de emprender su camino de acompañamiento con Jesús.

Muchas personas místicas experimentan una iniciación previa antes de comenzar un camino importante en su despertar de consciencia. De hecho, no tiene que ser sólo una iniciación, pueden ser varias. Y, muchas veces, cuando una iniciación está cerca, se produce una especie de *purga*, ya que es necesario eliminar aquello que ya no sirve a nivel energético. La purga puede ser tan intensa como se requiera, dependiendo del estado del campo energético de la persona.

Ahora bien, ¿cuántas larvas astrales y entidades pueden estar rodeando nuestro campo energético por diferentes razones? Pueden ser producto de malos pensamientos, la posesión de ideas negativas en nuestra psique, hábitos nocivos, adicciones, traumas, experiencias de vidas pasadas o incluso roturas en el aura debido a abusos, entre otras cosas. Todo esto influye en la intensidad de la purga, haciendo que sea más fuerte o sencilla.

Por ejemplo, cuando alguien se prepara correctamente para tomar ayahuasca, se requiere un ayuno y una serie de preparaciones. Durante la toma de esta planta medicinal, el vómito y las deposiciones fuertes son muy comunes, ya que forman parte de una purga tanto física como energética. Quien la toma, en muchos casos, está decidido a cambiar su vida, y por eso se produce este proceso de limpieza.

Esos *siete demonios* que mencionan los textos bíblicos no son más que la representación de las *siete potestades del ego* que el ser humano viene a superar a lo largo de sus múltiples retornos a este plano. Dudo que se logre en una sola vida. Es un proceso que lleva tiempo, pues pasamos muchas existencias repitiendo patrones, acumulando experiencias y preparándonos hasta que finalmente tomamos la decisión de sanarnos de tantos traumas y cargas emocionales.

Después de analizar cada una de las siete potestades, llegué a la conclusión de que, si todas dominaran a una persona en su máxima potencia, se convertiría en un verdadero «demonillo». Lo que creo es que cada persona tiene dos o tres potestades que ejercen mayor poder sobre ella, mientras que las otras pueden manifestarse de manera intermitente y con menor intensidad, dependiendo de las circunstancias y del momento de su vida.

A continuación, quiero hacer una comparación desde mi experiencia personal.

La brujería

Una de las experiencias más transformadoras de mi vida fue quitarme un trabajo de brujería, o más bien un trabajo psíquico, que me hicieron en el año 2022 y que no pude ver con claridad ni limpiar hasta el 2023.

Ha sido la prueba más tremenda que jamás he pasado. He visto muertos, he tenido experiencias paranormales con personas que han trascendido, he experimentado el robo de energía por parte de malos guías espirituales, pero hasta ahora nada supera la gran enseñanza que me dejó ese trabajo energético oscuro.

Precisamente, luego de limpiarlo, fue cuando María Magdalena apareció en mi vida. Por eso quiero mencionarlo aquí, porque fue el punto clave en el que ella y su enseñanza llegaron a mí.

Al leer los papiros y entender la ascensión que el alma experimenta al combatir las potestades del ego, llegué a la conclusión de que, al limpiar ese trabajo oscuro, lo que ocurrió en mí fue una purga. Me saqué los siete demonios de María Magdalena, aquellos que la religión supuestamente dice que ella tenía, pero que en realidad no son más que esas siete potestades del ego.

En su intento por someternos al miedo, que es una frecuencia baja y una de las emociones que más dominan al ser humano, las religiones han dado la denominación de «demonios» a estas potestades. Incluso hay quienes aseguran que estos demonios tienen nombres específicos, pero todo eso forma parte de constructos dogmáticos de diversas fuentes.

Las entidades oscuras sí existen, al igual que las de la luz. Vivimos en un mundo dual, donde la luz y la oscuridad coexisten para el equilibrio. Tanto los seres de luz como los seres oscuros son espíritus, algunos más densos y otros menos densos. Pero ¿sabes qué los alimenta? Exacto: la psique humana, los pensamientos. Cuanto más miedo sientes, más poder tienen sobre ti, porque ellos se nutren de la densidad de tu campo energético para sobrevivir. ¿Y cuál es el campo energético en el que habitan? Exacto: el miedo, el odio, la rabia, la envidia... Todas esas emociones bajas lo que hacen es energizar y alimentar entidades del bajo astral, es decir, aquellas de mayor densidad energética.

Para continuar el camino del mago, del místico, del propio camino del héroe, cada uno debe hacer su propia limpieza. Yo tenía que hacer esa limpieza para seguir adelante en mi camino místico. Pero ¿por qué? ¿Cómo funciona realmente la brujería?

La energía funciona por correspondencia. Yo vibraba en emociones similares a las de la persona que me hizo el trabajo: envidia, rechazo, rabia, dolor, avaricia... Sólo meses después lo entendí, y me costó mucha investigación y meditación llegar a esta conclusión.

En el momento en que supe que tenía un trabajo de brujería en mi contra, asumí completamente el papel de víctima: «*Me están haciendo algo, me atacan, pobre de mí, ¿por qué me hacen esto?, me tienen envidia...*». Por supuesto, me reafirmé en mi papel de víctima al rodearme de personas que también veían este aspecto desde la misma perspectiva.

Pero quien me sacó de ahí fue María Magdalena, con su inmensa sabiduría. Ella me guio a estudiarla y a entender que, si tenemos asuntos internos sin resolver y estamos en una constante lucha con nuestros propios egos, entonces les damos una puerta de entrada a quienes nos quieren atacar energéticamente.

Entonces, ¿la brujería realmente existe? Sí. ¿Funciona? Sí, pero también no. Es, al mismo tiempo, una manipulación mental, una influencia psíquica y energética. De hecho, en realidad no existe como tal. La brujería es eso: manipulación psíquica y energética. ¿Por qué, pues, funciona? Porque *tú no te has apoderado de tu propia energía ni has hecho las paces con tu propia oscuridad.*

Pero decir que la brujería no existe tampoco te hace inmune a experimentarla. No basta con afirmar «*A mí eso no me afecta*», porque si alguien te ataca energéticamente y manipula tu campo, puede afectarte de todos modos. Que un trabajo funcione o no depende más del estado mental y energético en el que te encuentres y de cómo estés viviendo tu vida. Rezar 15 Avemarías no evitará que funcione; de hecho, puede hacerte más sugestionable.

La manipulación psíquica depende de lo que consumimos a diario. ¿Eres una persona que se alimenta de chismes? Eres manipulable. ¿Sientes mucha envidia? Eres manipulable. ¿Eres avaricioso? Eres manipulable. ¿Tienes odio hacia ti mismo o hacia los demás? Eres manipulable. ¿Tienes celos, infidelidades, secretos oscuros, miedos profundos? Eres manipulable.

Las personas que no son manipulables psíquicamente no son aquellas que pasan todo el día en una iglesia rezando. Son aquellas que *tienen amor incondicional propio y hacia los demás,* quienes no están envueltos en chismes ni juicios constantes. Son aquellos que no están dominados por alguna de las potestades del ego, quienes han logrado liberarse de los *siete demonios de María Magdalena.*

Atrás ya les expuse la historia. Tenía un historial tremendo con la promiscuidad, también con la envidia. Era de las que decía que tenía «envidia de la buena», esa envidia pasivo-agresiva que nos cuesta mucho aceptar. Muchas veces me dejaba llevar también por cosas banales, como tener muchísimos zapatos y carteras, y ojalá de marca costosa. Tenía un poco de avaricia en mí. Llevaba un odio interno no reconocido hacia mi vida, por haber nacido en una familia con pocas facilidades y por tener que vivir con tanta ansiedad. Me iba mal en el amor, así que también tenía una rabia interna muy tremenda hacia los hombres.

Si vamos contando, tenía al menos tres potestades del ego dominando mi vida y mi psique, especialmente la potestad de la promiscuidad, que prácticamente dirigía mis acciones, pensamientos y decisiones. ¿Que si me sacaron alguna entidad con las purgas de ayahuasca? No lo dudo. No la vi físicamente, pero sí en sueños, muchísimas veces. Después fue que lo entendí: cuanto más quise liberarme de esas energías, de esas entidades que me llevaban a tomar decisiones que destruían mi vida, más se hacían presentes para no soltarme.

Tenía miedo a quedarme sola, a estar sola, rabias antiguas y otros dolores que me mantenían en la oscuridad, una de las primeras potestades. Fue cuando mi alma comenzó a tener conversaciones con esos egos que tomé el control de mi vida y entendí que este tipo de cosas no nos afectan cuando estamos realmente alineados con un camino de luz y propósito divino. Cuando realmente nos queremos a nosotros mismos y nos respetamos, ¿por qué habríamos de tener un infierno con el otro? Ese es el tema: quien anda en guerra con el mundo, en realidad, está en guerra consigo mismo.

¿Eso quiere decir que quien hace brujería o manda a hacer brujería está en guerra consigo mismo? Sí. En una guerra muy larga, de odio hacia sí mismo, de mucho dolor no reconocido, una mezcla de ira con mil emociones más. Seguramente, su mente también es dominada por ciertas entidades.

Después de entender todo eso y mucho más —porque me tomó casi un año investigar, leer y comprender cómo funcionó todo ese trabajo en mí— sé que la persona que me hizo el trabajo siguió intentando hacer más cosas. Pero gracias a la guía espiritual, divina y terrenal, seguí purgándome y aprendiendo sobre mí, sobre mi oscuridad. Me apropié de mis errores y mis secretos. Comencé a mostrarme sin máscaras y sané mi adicción a la promiscuidad.

Nunca se me pasó por la cabeza devolver el daño con la misma moneda. Con lo poco que sabía en ese momento, sólo repetía: *esto está pasando por alguna razón importante, esto tiene un propósito, ¿qué necesito aprender de aquí?* Fue un camino de conocimiento muy bonito. De cierta forma, agradecí lo sucedido, porque me ayudó a sumergirme en la oscuridad y confrontarla. Definitivamente, enfrentar un trabajo energético así es algo que no le deseo a nadie. Fue extremadamente retador a nivel energético. Vi y sentí en carne propia, sin filtros, todo lo que estaba involucrado ahí. Pero desde el momento en que esa energía llegó a mi vida, lo supe: *algo tengo que aprender de esto, la vida me está intentando enseñar algo.* Lo tomé como una prueba y un aprendizaje. Y así fue.

Ahora hablemos de esto a nivel espiritual. Si todos los sucesos importantes de nuestra vida los planeamos antes de encarnar, ¿yo planeé esto? Sí, así fue. ¿Álmicamente conocía a la persona que me hizo este trabajo? Sí, así es. Seguramente, los detalles los planeamos, y ocurrió para que yo me liberara de mi propia oscuridad. De esa forma, también tomé el poder sobre la situación, porque pensaba: *A ver, si yo planeé esto, entonces tiene fecha de caducidad y sé cómo resolverlo.* Y literalmente, así fue. Intuitivamente, sabía qué pasos seguir. Las ayudas terrenales que busqué se presentaron en el tiempo correcto y adecuado. Además, los libros, videos y podcasts que necesitaba llegaron como confirmación. Era como si yo supiera exactamente qué debía hacer.

Por esa época encontré a mi amiga espiritual Dion Fortune, y algunas de sus enseñanzas me sirvieron mucho. *¡Vaya sorpresa mágica!* En mi viaje a Avalón[2] conocí la casa donde vivió.

---

2   *Avalón* es el nombre etérico o espiritual de *Glastonbury*, un lugar considerado por muchas tradiciones esotéricas como un vórtice de energía y un punto de conexión entre el mundo físico y el espiritual. Se le asocia con la leyenda del Rey Arturo y con antiguas escuelas de sabiduría.

En una ceremonia de ayahuasca, más adelante, comprendí que necesitaba esa experiencia como un *taller avanzado de energías*, pero además como una purga. Yo lo planeé de esta manera porque sería la forma en la que tendría la limpieza que mi cuerpo energético y mi cuerpo físico necesitaban para sanar todo lo que había hecho en contra de mí misma.

El proceso de purga lo tuve con la planta medicinal de la ayahuasca. Fueron varias ceremonias seguidas de pura limpieza. ¿Y qué estaba limpiando? Mi psique. Esta última estaba llena de pensamientos oscuros y negativos. Sin saberlo aún, estaba tratando de limpiar mi mente de los pensamientos de suicidio que me agobiaban una y otra vez, de la falta de ganas de vivir, del odio que sentía por los hombres que me hicieron daño, de la rabia que tenía hacia mujeres que me rechazaron y no me aceptaron en su vida. Eran dolores muy fuertes, pegados a mí como si fueran tatuajes.

Vi todos mis pensamientos de muerte, recordé exactamente cuándo los tuve y los intentos de quitarme la vida. Vi mi falta de amor propio, lo mucho que odiaba mi cuerpo, la avaricia por querer ser «la niña X de Instagram», el apego a títulos y pertenencias, el deseo de poseer ropa de marca y con logos banales, la promiscuidad y el deseo de mi ego de satisfacer a otros a causa de mi dolor. Y todo eso envuelto en una esfera de *ira*. Ira por haber sido abusada, violada y abandonada.

Hice el trabajo de purga en las ceremonias de ayahuasca. Y en la ceremonia final llegó María Magdalena. La luz.

Para que yo confirmara lo que había hecho y entendiera que no somos víctimas de ciertas cosas, sino que, más bien, como Jesús le dijo a ella: *No es que exista el pecado, es que estamos apegados y obsesionados con lo que nos condena, por lo cual actuamos en congruencia con lo que creemos que es pecado.*

Después de esa purga comenzó un camino muy lindo para mí. Fue cuando comencé el proyecto *Lemurian Wisdom* y se me ocurrió escribir este libro.

Estoy segura de que, después de este resumen, estás pensando si ya tuviste la purga, si se acerca, o te estás cuestionando si acaso no la vas a tener. Si sigues en el camino de la ascensión de consciencia, la tendrás. Necesitas esa limpieza de los siete demonios para emprender un camino más bonito hacia la luz y las enseñanzas de los maestros místicos que han alcanzado la maestría en este plano.

María Magdalena y Jesús, por lo menos para las personas de este lado del planeta —porque sé que en Oriente también hubo muchos místicos increíbles— nos dejaron un ejemplo que ha marcado los últimos dos mil años, un ejemplo que deberíamos seguir. Lo que nos faltaba era *la mujer*.

Creo que la enseñanza más importante es adentrarnos en el estudio y la práctica de la limpieza individual de las potestades del ego. Esos son los siete demonios de María Magdalena, que no son de ella: son de todos. Los creamos con la poca consciencia que tenemos y los alimentamos con nuestra ignorancia.

Apodérate de tu psique, de tu vida, de tu camino. Cuando hagas eso, la oscuridad ya no tendrá por dónde meterse, porque nos estamos haciendo cargo, nosotros mismos, de nuestra propia sombra.

11. Las mirróforas

LA MUJER CON el jarro de alabastro es María Magdalena. Muchos dicen que es la mujer más representada en pinturas y vitrales en los últimos dos mil años. En Francia, las iglesias están llenas de imágenes suyas, y su simbología encierra un gran misterio: la flor de lis, el jarro de alabastro, los colores de su ropa y su cabello largo.

Cuando estuve en Inglaterra, hablé con Marisa Ventura, una historiadora y buscadora de la verdad magdalenina, sobre el infinito debate en torno a la profesión de María Magdalena. Ella me dijo: «Si pudiéramos atribuirle históricamente una profesión, sería la de Mirrófora».

Las mirróforas eran mujeres que practicaban una antigua tradición en los templos de Egipto. De allí, probablemente, María Magdalena adquirió su conocimiento, o tal vez pertenecía a un linaje familiar en el que esta práctica se transmitía de generación en generación.

Esta tradición era una medicina, un ritual que establecía una conexión entre el mundo visible y el invisible. Era una forma compleja pero poderosa de sanación. Las mirróforas conocían los métodos para sanar el cuerpo, combinando ciertos alimentos con procesos de curación.

Sin embargo, hay muy poca información escrita sobre ellas. Cuando investigué sobre el tema, no encontré literatura en español. Únicamente hallé referencias en algunos textos en inglés y formación impartida por mujeres en Inglaterra y Francia, donde aún se enseña la tradición mirrófora.

Las mirróforas también eran conocidas como *las que llevan la mirra*, *las guardianas de la mirra* o *las señoras de los óleos*. Su labor principal era ayudar a las personas en el proceso de transición hacia la muerte o, en algunos casos, asistir en su sanación si era posible. Su misión consistía en realinear a la persona con la esencia de su alma para sanar heridas profundas, no sólo de esta vida, sino también de vidas pasadas. Por supuesto, los aceites desempeñaban un papel clave en este proceso. Debían ser consagrados mediante rituales y oraciones, y provenir de plantas y flores específicas según la intención de la sanación.

Estas mujeres eran hijas de sacerdotisas, lo que significa que esta práctica se transmitía por linaje materno. Su entrenamiento comenzaba en la pubertad, aunque no todas estaban dispuestas o capacitadas para convertirse en mirróforas. Solamente aquellas que manifestaban una sensibilidad especial hacia las energías eran elegidas. A lo largo de su formación, atravesaban diversas iniciaciones en alquimia, manejo de energía y, sobre todo, en el proceso de transición de la muerte.

Una mirrófora graduada era una maestra en el arte de la sanación energética. Estaba entrenada para trabajar con aceites complejos y tenía la capacidad de comunicarse espiritualmente con ellos. Las jóvenes en formación debían demostrar a sus maestras que eran capaces de sostener la energía que algunos aceites podían emitir.

Creo firmemente en este proceso, porque en mi investigación encontré varias mujeres que han recibido iniciaciones y rituales específicos para preparar los aceites. De hecho, este proceso requiere paciencia y devoción. No basta con mezclar ingredientes; el aceite debe manifestar su propia energía antes de que pueda utilizarse en sanaciones.

Mi interés por las mirróforas surgió porque tengo una conexión especial con los aceites florales, pero en mi caso, los uso para sanar el cabello y la piel. Por eso, cuando conversé con Marisa Ventura, le pregunté por qué se asociaba a María Magdalena con un jarro de alabastro y si realmente lo llevaba consigo por los aceites que utilizaba.

Algunos autores afirman que, cuando María Magdalena vivió en el sur de Francia, no sólo difundió las enseñanzas que aprendió con Jesús, sino que también transmitió la tradición de las mirróforas y el uso de los aceites.

Las candidatas a mirróforas eran sometidas a diversas pruebas por parte de sus maestras. Se evaluaba su devoción e integridad para asegurarse de que su trabajo fuera realizado con respeto y pureza.

Por supuesto, la mirrófora más reconocida es María Magdalena. Fue ella quien ungió a Jesús con aceite durante su crucifixión y posterior preparación para el sepulcro.

Hoy en día, en términos modernos, una mirrófora debidamente entrenada parece ser alguien que ha desarrollado dos dones clave: la clarividencia y el *clariolfato* (capacidad de percibir energías a través del olfato). Debe saber leer la energía y tener acceso al *Nous*, la parte más elevada e inteligente del alma. En la antigüedad, las mirróforas eran entrenadas para ayudar en la transición de la vida a la muerte, guiando a las almas hacia su siguiente destino.

Se necesita una mirrófora física, en persona, para transmitir el conocimiento que posee por linaje e iniciar a otra. También es necesario para discernir si se le pueden entregar los símbolos y claves de lo que le fue enseñado a ella. Todo esto porque, una vez la mirrófora es iniciada, es casi como si obtuviera una entrada directa y comenzara a recibir entrenamiento en templos etéricos.

Sí, cuando se tiene la habilidad de la clarividencia activa y se sabe cómo trabajar con ciertas energías, se puede acceder, en sueños o en trances de meditación, a templos en el plano astral. La mirrófora iniciada comienza entonces a tener acceso a estos templos mediante el trance, la danza, la música, los sonidos, las vibraciones, la simbología, y por supuesto, el olfato y la conexión con la divinidad de cada aceite.

Una *soul midwife* —lo escribo en inglés porque no existe una traducción exacta al español, pero llamémosla la *terapeuta del alma actual*— es un concepto afín. Varias de estas mujeres, que practican algunas enseñanzas de las mirróforas, viven sobre todo en Inglaterra y viajan por el mundo.

Muy pocas tienen presencia online. Son mujeres ya maduras y aseguran que muchas de sus maestras ya no están en este plano.

Claro que yo sí creo que en Egipto esto debe ser un poco más común, aunque no fácil de encontrar. Seguramente aún existen algunas mujeres mirróforas.

Estas tradiciones fueron practicadas en los templos del Antiguo Egipto y se conocían como la medicina celestial. Únicamente las mujeres en aquella época eran las encargadas de transmitir esta tradición y, además, eran constantemente evaluadas para asegurar que el conocimiento permaneciera en buenas manos.

Quizás te preguntes si esto tiene alguna relación con la aromaterapia. No. La información que encontré confirma que no es lo mismo.

Ser mirrófora está profundamente vinculado con el espíritu y la ascensión del alma. Podríamos decir que lo que se aprende son rituales chamánicos mágicos, pero del Antiguo Egipto. Es un conocimiento mucho más esotérico. La mirrófora no usa los aceites para dar masajes, sino que su trabajo se enfoca en la conexión espiritual que establece con los aceites y en los rituales que realiza, los cuales están estrechamente relacionados con el mundo astral.

¿Por qué solo las mujeres practicaban esta disciplina? Porque, por naturaleza, la mujer posee un poder especial: la intuición. La inteligencia divina y la facilidad con la que la mujer se conecta con el espíritu difícilmente se manifiestan en el género masculino, no porque los hombres no sean capaces, sino porque la mujer tiene una conexión innata con la Madre Cósmica, la dadora de vida. Esto le permite desarrollar con mayor facilidad su intuición y sus habilidades psíquicas.

En Lemuria, las mujeres fueron las primeras *chamanas*. Hoy usamos el término *chamanas* por su carácter casi moderno, pero las primeras *curanderas* en aquella época eran sacerdotisas dedicadas a la sanación.

Actualmente, quienes practican la tradición de las mirróforas se encuentran bajo el nombre de *Soul Midwives*. En español, la traducción exacta sería «partera del alma», pero se comprende mejor como «terapeuta holística de la muerte», ya que estas mujeres se especializan en acompañar a las personas en el tránsito de la vida a la muerte.

Al estar inmersas en esta labor, estas mujeres desarrollan una conexión espiritual con los aceites, pues cada aceite tiene su propia esencia y energía. Cuando asisten a personas que están por fallecer o que ya han fallecido, saben exactamente qué aceites usar para guiarlas hacia la luz.

Una de las formas más antiguas del uso de aceites se encuentra en el proceso de momificación. Se dice que los egipcios empleaban aceites para preservar mejor el cuerpo en la muerte, lo que sugiere que su uso proviene de tiempos aún más antiguos.

Este es un viaje que me debo: Egipto. Seguro que allí se revelarán muchos misterios sobre la historia de María Magdalena.

Como mencioné anteriormente, es probable que de esta tradición provenga el rito católico de la unción con los *santos óleos*, una práctica antiquísima que se remonta a las sacerdotisas egipcias, conocidas en su tiempo como mirróforas.

Dentro de la historia, María Magdalena es considerada la maestra de las mirróforas. El aceite que la representa es el *nardo*, una esencia maravillosa con múltiples propiedades. Yo lo tengo y lo uso cuando necesito sentir su compañía.

Intuitivamente, lo usé en el cuerpo de mi hermano cuando trascendió. Él era fanático de la flor de lis y, de alguna manera, sentía que también tenía una conexión con María Magdalena.

Otro aceite representativo de Magdalena es el de *rosas rojas*. Además, la rosa roja posee una simbología mística increíble y tiene una fuerte conexión con María Magdalena. Por tradición oral, se dice que, en la época de Jesús, las mujeres debían llevar un pequeño frasco colgado al cuello cuando sus maridos morían, ya que eran ellas quienes se encargaban de ungir el cuerpo de su esposo.

Adicionalmente, en la tradición judía, en los ritos funerarios, solamente pueden tocar a los muertos los familiares más cercanos: hijos, esposos y esposa.

María Magdalena no fue ni la madre de Jesús ni su hermana, ¡era su esposa! Por eso, en los relatos bíblicos, se dice que ella fue a buscar a Jesús en el sepulcro y no lo encontró. Ella va y avisa, pero no le creen, entonces llegan otros discípulos a constatar que era verdad lo que ella decía.

Ella se queda sola y luego viene la historia de que no lo reconoce cuando ve a Jesús. Sin embargo, aquí entra nuevamente mucha especulación de la religión y también una gran malinterpretación, creería yo, porque para mí la resurrección de Jesús no necesariamente fue literal, no fue de carne y hueso. Lo que seguramente sucedió es que quienes vieron a Jesús «resucitado», y principalmente María Magdalena, lo que vieron fue su cuerpo energético.

Independientemente del título profesional de María Magdalena, desde el momento de la resurrección y crucifixión de Jesús, su jarro de alabastro nos da indicios, primero, de las tradiciones de la época y, segundo, de un conocimiento que seguramente tenía sobre rituales egipcios: los rituales de las mirróforas.

Después de la resurrección de Jesús, no hay más evidencia bíblica sobre la vida de María Magdalena; no hay mención de ella. Lo que sí existe después de la resurrección es el nacimiento del cristianismo, el nacimiento del movimiento cristiano promovido por Pedro y Pablo. Sin embargo, si se leen los textos del *Gospel de María Magdalena* y los de Felipe, se puede notar que no necesariamente todos los apóstoles y seguidores de Jesús tenían el mismo concepto de sus enseñanzas. Literalmente, como nos pasa hoy en día, cada cual las interpreta según su conveniencia.

Por tal razón, María Magdalena es tan importante ahora, por eso su *Gospel* es un estudio profundo que se debe hacer, porque es ella quien realmente escribe en esos apócrifos un resumen relevante, limpio, sin tanto dogma ni miedo, de las conversaciones que tuvo Jesús con ella y con los apóstoles.

Se dice que, además de los apóstoles, muchas mujeres ayudaban y seguían a Jesús, y que María Magdalena, según documentales serios e investigaciones sobre su origen y vida, provenía de una familia acomodada. Venía de una posición económica que le permitió apoyar a Jesús en su ministerio. Parece ser que ella fue patrocinadora de muchos de los viajes que hizo Jesús. Así, pues, esta investigación histórica sobre María Magdalena no concuerda con la historia de la prostituta ni con la de la mujer separada que dejó a su esposo y su hijo por ir a seguir a Jesús.

En el *Evangelio de Mateo* es donde aparece que María Magdalena era una mujer de estatus y alto rango y que apoyaba a Jesús económicamente, como muchas otras mujeres. También existe historia sobre la familia de María Magdalena. Ella no era cualquier mujer; su padre fue un empresario de la pesca en Magdala. De allí proviene su nombre, porque en aquella época había muchas mujeres llamadas Miriam. Su verdadero nombre sería, entonces, Miriam de Magdala, María la de Magdala: Magdalena.

Además, Magdalena significa «torre». No me cabe duda de que tenía excelentes habilidades psíquicas y místicas, porque eso es lo que afirman muchos historiadores.

Teniendo en cuenta su historial familiar y las investigaciones sobre su vida, tuvo la oportunidad y el acceso, gracias a su posición social, para el aprendizaje de muchas cosas.

Mi curiosidad por la conexión de María Magdalena con los aceites nació porque yo creé una marca de productos para el cabello en la que incluyo muchos aceites, aceites de flores y otros tipos. Realmente no tengo idea de dónde vino la epifanía de crear aceites para sanar el cabello y el cuero cabelludo. Todo comenzó en 2018, y hoy en día los aceites que vendo son los favoritos de miles de personas para el cuidado capilar.

Yo estudié economía y jamás había tenido ningún acercamiento químico o herbolario. La fascinación surgió por el amor a las flores y porque, en esa época, comencé a perder mucho cabello. Seguramente, alguna conexión tendré con la *mirraforería*, porque cuando empecé a buscar información sobre todas las teorías conspirativas sobre la vida y el oficio de María Magdalena, esta en particular fue la que más sentido me hizo.

Además, como mencioné antes, hay evidencia en los textos bíblicos sobre la unción de aceites a Jesús en la crucifixión, y en todos los retratos de María Magdalena siempre aparece con un jarro de alabastro en sus pies, en sus manos o a su lado. En las pinturas, siempre está Magdalena junto al jarro de alabastro. El jarro de los aceites. El jarro de una mirrófora.

12. Los sueños proféticos

María Magdalena ha orquestado todo, lo sé. Claramente, también ha sido un trabajo del Gran Espíritu, de mis ancestros, abuelas y abuelos, y de mi yo superior. Ha sido un trabajo en conjunto para que yo sane, por lo menos, lo relacionado con el abuso en esta vida y lo que viene de atrás, y para salir de muchos lugares oscuros.

Al leer este libro, podrías pensar que soy una fanática religiosa de María Magdalena, pero espero que también tengas el discernimiento de investigar por tu cuenta muchas de las cosas que menciono aquí. Así podrás encontrar las sincronicidades de la vida y salir de los lugares que te mantienen en la oscuridad, permitiendo que tu alma bonita brille. No para los demás, no como si fuera un espectáculo, sino para ti. Para que todas las cosas que tu alma desea —lejos de los apegos materiales— se cumplan.

Por ejemplo, una vida sin ansiedad, sin estrés constante, sin depresión. Una vida en la que no guardes rencor a nadie. Que puedas ascender por las escaleras del espíritu y, cuando te vayas de este plano, nadie que quede aquí tenga que hacer nada, porque ya tienes tu boleto directo a las dimensiones de la luz. Ese es el gran premio del trabajo del mago, el mago de la luz y el bien. Como lo decía María Magdalena en sus papiros: *Dios es el Bien, y nosotros, al ser un fractal de esa Divinidad, podemos elegir ese camino: el del BIEN.*

Cuando decidí hacer el viaje místico al sur de Francia, unos dos meses antes tuve varios sueños, como mencioné antes. Me tomó tres semanas decidir si iba o no. Dos viajes místicos en el mismo año no se pueden hacer así porque sí, sobre todo por el tema económico. Más que nada, diría yo (ahí salieron a flote mis conflictos con la abundancia).

Aun así, pude usar unos ahorros y unas millas, y logré concretarlo. Confirmé el viaje y, dos noches después, comencé a tener una serie de sueños.

Tuve exactamente tres sueños relacionados con Europa. No todos los anoté, sólo aquellos que consideré importantes o que me dejaron impresionada. Ahora, meses después de esos viajes y de un montón de hechos místicos y raros que me han ocurrido, trato de anotarlo todo.

Cuando sé que un sueño trae un mensaje importante, al despertar, mis ojos se abren de par en par y me quedo petrificada mirando al techo. No por susto —bueno, en algunos sí—, sino por la sensación de que sé que estuve en algún lugar importante con alguien importante, o que el mensaje tiene algún tipo de adivinanza que debo meditar y comprender. Es ahí cuando sé que debo anotarlo.

La maravilla de todo esto ocurrió cuando llegué al sur de Francia. Apenas el día 1, al comenzar el recorrido en Carcassonne, nos encontrábamos en la entrada de la ciudad antigua, con sus divinos castillos medievales. Entonces, la guía e historiadora comenzó a hablar y mencionó tres palabras que me dejaron en shock:

«Puente, María Magdalena, restaurante».

Para los demás, esas palabras no tenían relevancia. Para mí, significaban muchísimo. Eran exactamente las palabras clave que había anotado en mi primer sueño sobre el viaje. Tuve ese sueño el 28 de mayo. Se volvió realidad el 14 de septiembre.

Si fui cátara o no, no lo sé. Tengo la sensación de que algún ancestro mío lo fue. Lo cierto es que el sueño era una instrucción clara sobre lo que debía hacer, paso a paso, para encontrar más evolución en mi proceso de sanación. Era increíble: había escrito, sin saberlo, un manual de instrucciones sobre lo que debía hacer durante mi tiempo en Carcassonne.

En el grupo con el que viajaba, encontraría a una mujer que me ayudaría a desbloquear otro tema relacionado con mis ancestras femeninas y los abusos sexuales. Y así fue.

Le conté a mi compañera de habitación y le mostré mi diario de sueños. Me encanta compartirlo, especialmente por la fecha, que siempre anoto en la parte superior. He descubierto que, aproximadamente, entre 6 y 9 meses antes, profetizo sucesos a través de mis sueños.

Seguí las instrucciones de mi diario y, además, mi intuición y la guía de María Magdalena. En una sesión con una de las participantes del tour, comprendí que el abuso sexual transgeneracional genera rechazo y vergüenza, y que ambas emociones están estrechamente ligadas.

La vergüenza la sientes en tu cuerpo, en tu entorno. Te da vergüenza la presencia de otras mujeres. Y ahí está ligado el rechazo. Todo comienza con la vergüenza, y luego el rechazo toma protagonismo y amplitud.

Empiezas a rechazar tu entorno, ese femenino dentro de ti, tu cuerpo. Te avergüenzas de las mujeres que son demasiado suaves en su hablar y en su forma de ser. Y, aunque aceptas a las mujeres empoderadas, con el tiempo las apartas de tu vida. Atraes hombres que se asemejan al papel del abusador y los aceptas, pero luego ellos te rechazan porque no lo entienden, no lo ven. Sin embargo, tu energía genera ese rechazo. Entonces, te encuentras sola en tu habitación, sin ganas de vivir, renegando porque no tienes amigas ni una pareja a tu lado, gritándole al mundo que es injusto. Pero, en toda esta historia, eres tú quien siempre se ha rechazado a sí misma.

Uno de los rechazos más fuertes que he sentido toda mi vida es el del género femenino. Me ha costado muchísimo tener amigas mujeres. El día en que tuve la sesión con Luisa en el hotel en Carcassonne, precisamente tuve dos circunstancias en las que me sentí profundamente rechazada por dos mujeres. Y esa fue la pregunta clave que tuve que hacerme para que se destapara la herida: ¿quién rechazó?, ¿quién fue la que rechazó en ese linaje de mujeres?

Cuando mi bisabuela quedó embarazada siendo joven, fue rechazada por su madre, es decir, mi tatarabuela. La mamá de mi bisabuela no quiso aceptarla porque su embarazo generaba vergüenza para la familia y para ella. Ese embarazo era mi abuela materna actual. Mi abuela fue rechazada por su madre y su abuela. Luego, en la impotencia de las circunstancias, mi bisabuela tuvo que dejarla al cuidado de su padre (el abuelo de mi abuela), quien también la rechazó y la dejó al cuidado de su propia madre. Sin embargo, esta señora tampoco la quería y la maltrataba mucho.

Mi bisabuela se mudó a otra ciudad, alejándose del cuidado de mi abuela. Tiempo después, una vecina de mi tatarabuela le informó que mi abuela estaba en malas condiciones y que su abuela paterna la maltrataba. Ante esto, mi tatarabuela Aminta fue a rescatarla y asumió su cuidado. Seguramente, en el fondo, intentaba remediar el rechazo que había tenido con su propia hija.

Toda esta historia la sé porque soy buena conversadora con mi abuela, la protagonista de este relato. Fue ella quien me contó los detalles. Ha sido un maravilloso regalo, porque me ha dado pistas sobre por dónde seguir indagando. Junto con la sesión que tuve en Carcassonne y el desbloqueo de la herida del rechazo, entendí que todo provenía de mi tatarabuela Aminta. Así logré cumplir con el primer propósito de mi viaje místico por el sur de Francia y la enseñanza de Magdalena.

Si quieres ir al sur de Francia tras la huella de María Magdalena, deberás dejar de ser niña.

Puede que estas palabras te conmuevan. Las escribo porque así, en un sueño, una extraña mujer se me apareció.

Me invitaba a soltar una muñeca negra, polvorienta y rota que tenía en mis manos y que me negaba a dejar ir. Esta mujer, cuyo rostro no pude ver, se sentó a mi lado en la entrada de un templo rodeado de rocas.

Estaba subiendo una montaña en el sur de Francia. A mi derecha había rocas. Iba con el grupo con el que sabía que haría el viaje. Antes de entrar a un templo, encontré a una mujer sentada a mi lado. Me miró y me dijo: «No puedes entrar». Para hacerlo, tienes que dejar esa muñeca que llevas en las manos.

Al mirarlas, vi una muñeca de trapo. Intenté destruirla para poder entrar, pero la mujer me detuvo: «Tienes que dejar de ser niña. Ya no estás para muñecas». Me sentí triste porque no logré destruir la muñeca ni entrar al templo.

Al despertar, el mensaje fue claro: seguía aferrada a la idea de buscar culpables por muchas circunstancias de mi vida. Me empeñaba en querer solucionar aspectos de mi infancia, pero mi infancia ya se había ido. Tenía que aceptar que muchas cosas jamás las recordaría. Mi mente, mi cerebro, habían borrado por completo todo lo que pasó entre mis cuatro y diez años. Recuerdo muy poco de ese período, y sé que lo hizo porque fue el tiempo en el que sufrí abuso sexual. Por más regresiones y sesiones de terapia que tomé, no logré recordar imágenes exactas de muchas cosas. Sólo me llegó al corazón el entendimiento de ciertas circunstancias y la sensación de otras.

El mensaje era claro: ¿qué tipo de mujer iba a encontrarse con María Magdalena? ¿Una niña? Yo admiraba su historia por su valentía, por su capacidad de mantener esa energía femenina tan tranquila, pero, al mismo tiempo, certera.

No sé cómo explicarlo. Esto lo hablé con una amiga que conocí en estos viajes, una mujer que también sigue la huella de María Magdalena. Le pregunté:

«Cuando fuimos a Glastonbury en Inglaterra, la energía era súper femenina, juguetona, curiosa. Cuéntame, ¿cómo es la energía del sur de Francia?».

Ella me respondió:

«Es firme, más fuerte. Pero no es fuerte en el sentido de ser mala ni brusca. Es una energía que sabe a lo que vas».

Y en el viaje lo confirmé.

María Magdalena no es una mujer que te dará la espalda. Estará contigo cuando necesites un abrazo, te reconfortará, apartará la maleza que no puedas ver. Pero no entrará en el juego de la dependencia. Ella no juega a eso. Te deja ser.

Estará cuando te caigas, pero no siempre llegará cuando la llames. De hecho, hará que conozcas otras cosas y seas curiosa. Es una energía femenina con mucho equilibrio. Siento que es directa y va al punto. Cuando una señal de ella aparece en un sueño o en una sincronicidad de la vida, es contundente. No hay duda.

Algunas personas podrían pensar que es una energía materna. No lo creo. Se siente más como una amiga sabia y prudente, una que también valora su espacio.

❀ ❀ ❀

En mi primer viaje, en Ávalon (Glastonbury, Inglaterra), visité la capilla de Magdalena. Nos sentamos en el suelo para una reunión privada de grupo. No pude contenerme y lloré mucho.

Pero en el viaje al sur de Francia entendí por qué lloré ese día en Ávalon. Necesitaba el acogimiento de Magdalena, pero, sobre todo, el acogimiento de las mujeres. Tenía una necesidad tremenda de aprobación femenina, de atención femenina. Mi llanto en esa capilla era un grito interno que proclamaba: «Mírenme».

Todo lo anterior estaba mezclado con la necesidad de amor maternal, con la carencia de una figura femenina cálida en mi infancia. Pero en Francia, ya no. Ya no sentía esa necesidad de buscar ser vista, ni de llamar la atención llorando. Sólo ocurrió un suceso que me ayudó a sanar aún más profundamente el rechazo.

En Francia, entendí el mensaje del sueño. Dejar de ser niña. Dejar atrás el papel de víctima.

Si te preguntas qué tipo de energía se necesita y se siente en el sur de Francia cuando sigues la huella de María Magdalena, aquí puedes encontrar una señal.

Ya estoy más en el camino de ser adulta, pero con espíritu de hada y niña valiente. Cuando te adentres en el estudio y el caminar de la energía de ella, lo entenderás.

Tuve un total de cinco sueños de guía para este viaje. Y el más potente, te lo cuento en el siguiente capítulo. Pero antes de pasar a esa parte, quiero dejarte el consejo de comprar un cuaderno y anotar tus sueños. No, no me refiero al sueño de comprarte un bolso y unos zapatos, sino a los sueños que ves mientras duermes, esos que al despertar no entiendes del todo.

El mundo de los sueños no funciona como has creído. No se trata de soñar con un ratón y correr a Google para averiguar qué significa, basándote en cientos de páginas que dicen que soñar con un ratón es señal de peligro en tu vida. Así no funciona el mundo onírico.

Cada ser humano en este multiverso es un universo en sí mismo. Tienes que anotar tus sueños y comenzar a estudiarlos, analizarlos y meditarlos, porque el mensaje es para ti, y el lenguaje de los sueños es único para cada persona. Es el reflejo de lo que tu inconsciente interpreta y de lo que necesitas aprender.

El hecho de que en tu sueño aparezca un ratón, una rata o un perro no significa lo mismo para tu mejor amiga o tu novio. Esos animales pueden ser la representación de alguien en tu vida, pero sólo descubrirás su significado en el estudio íntimo de tu propio inconsciente y lenguaje onírico.

Por ejemplo, si sueñas con arañas y buscas en un diccionario de sueños, verás que generalmente se asocian con la envidia. Durante mucho tiempo yo también lo creí, hasta que hace poco, mientras escribía este capítulo, tuve un sueño en el que me dijeron: «¿Cómo le vas a tener miedo a la araña si tú eres la araña?». En ese instante, en el sueño, vi cómo pequeñas arañas empezaban a subir desde los dedos de mis pies hasta llegar a mi cabeza. Luego me vi en un espejo y mi cuerpo, mi cara, mis orejas y mi cabello eran completamente de araña. Me asusté, claro, pero el mismo sueño me estaba revelando su significado.

Las arañas tejen el universo en el que estamos, crean redes, caminos, conexiones. Son tejedoras. En el mismo sueño se me mostraba la dualidad de las arañas: pueden ser venenosas y esparcir su veneno en la red que forman, o pueden tejer desde la sabiduría. Tú eliges si quieres ser tejedora de veneno o de luz, pero no debes temerles a las arañas.

Ese sueño me ayudó a tomar valor para superar una prueba mística que la vida me puso. Me apropié de mi papel de araña y comencé a visualizar redes y telarañas que me indicaban el camino que debía seguir. Es como en *Harry Potter*, cuando se adentra en el bosque y Hagrid le habla sobre sus amigas las arañas. Harry supera su miedo en el bosque oscuro y deja que las arañas lo guíen, mostrando el camino.

Aprende a interpretar tu propio mundo onírico. En él están todas las pistas de tu vida, y quizá no les has prestado la suficiente importancia.

Por supuesto, esta es una habilidad que en mi caso se ha desarrollado de forma natural, sin que yo la pidiera. Pero si la ignorara, desaparecería. Los dones que nos van sobresaliendo —porque todos tenemos dones— son para apreciarlos. No rechaces esas partes de ti, son divinas. Son un premio por lo que has hecho en otras vidas. Úsalos para el bien, para ayudar a otros a evolucionar en este multiverso que necesita consciencia.

Recuerda que *todos* ya somos *espíritu*. Todos somos espirituales. Lo que somos temporalmente es un cuerpo de materia, de carne. Pero espíritu hemos sido siempre y siempre seremos. Lo que realmente necesitamos es *consciencia*, y de la buena. A eso vinimos: a elevar la consciencia, a subir la escalera.

Así que ya sabes, ¡cómprate un diario de sueños!

13. Se sana en espiral hacia arriba. El Castillo de Montségur, sur de Francia

Uno de los sueños proféticos más bonitos que tuve antes del viaje a Francia, que, luego de meses de curiosidad, logré comprender por qué lo tuve y entendí que debía compartirlo en este libro. He aquí, pues, un relato de ese sueño del 24 de junio de 2024:

Me encontraba con un grupo de personas, hombres y mujeres. Esperaba mi turno para que algo terminara y pudiera entrar. Era como una especie de competencia: algunas personas bajaban, otras subían; eran muchas. En la mitad del camino, me di cuenta de que había que tener paciencia, porque si alguien se aceleraba, lo sacaban. Aquellos que iban demasiado rápido parecían sacarse a sí mismos, como si se bajaran solos. Si eso les pasaba, no podían avanzar a la siguiente prueba. Me ubiqué en la segunda hilera, al lado de quienes daban las indicaciones. Cuando me preparaba para bajar, sonaba una campanita, una especie de alarma, y algunas personas mencionaban un número, como un 7. De repente, nos encontrábamos dentro de una torre con muchas escaleras, como un laberinto. Las escaleras estaban dispuestas en espiral dentro del castillo y en el camino iba encontrando pistas. Las pistas eran rosas rojas.

El objetivo era encontrar la rosa número 14 o 15. En uno de los pisos, dos mujeres conocidas mías se quedaban, y también había un hombre. La torre parecía pertenecer a un reino; en la cima dormía el rey y, en la siguiente habitación, la reina. Yo bajaba con el deseo de entrar en la habitación de la reina, porque ella estaba enferma en cama.

Cuando logré entrar, puse mis manos imaginariamente sobre ella y pedí que sanara. De repente, comenzaron a brotar pequeñas rosas rojas en racimos. Decía palabras bonitas y ella se sanaba. Recuerdo repetir: «¡Larga vida a la reina! ¡Larga vida a la reina!».

Alguien tomó una foto de lo que estaba pasando y dijo: «La que sea salvada por María Magdalena será sanada». Lloraba y agradecía profundamente lo que Magdalena había hecho en mí y en mi sanación. La habitación era antigua, de piedra, y era de noche. Había una ventana frente a la cama y se escuchaban voces afuera, gente conversando. (Fin del sueño).

Este es el resumen general del sueño, aunque hay algunos detalles que me guardo como recuerdo personal.

En el viaje a Francia nos hospedamos en Alet-les-Bains, una pequeña ciudad donde vivió Nostradamus. Su casa aún existe y es un museo, con una puerta llena de simbología mística y esotérica. Es un pueblito más bien solitario y con una atmósfera algo inquietante. Nos quedamos en un hotel junto a un cementerio; se podrán imaginar cómo fueron mis noches ahí. Descubrí que estábamos junto al cementerio la última noche. Definitivamente, fue un reto dormir en ese lugar.

Al segundo día de nuestra estadía, muy temprano en la mañana, emprendimos camino para visitar el Castillo de Montségur. Se suponía que sería simplemente una caminata. Yo estaba expectante, esperando ver un gran castillo, y como ya sabía que tenía pistas en mi cuaderno de sueños, comprendí que tal vez este sueño estaba por manifestarse en la realidad.

El tema es que, cuando llegamos, no había castillo. No se veía nada más que una pared alta en la cima de una montaña. Para quienes tienen dificultad en la subida, hay opciones para alquilar herramientas y comprar agua, ya que la ascensión no es fácil. Aunque el camino está señalizado, hay muchas piedras y literalmente hay que escalar la montaña.

Antes de comenzar la subida a Montségur, hay un amplio prado verde. Se dice que, en ese mismo lugar, en el año 1200, la Inquisición llevó a cabo una masacre contra los cátaros, quienes se lanzaron voluntariamente a la hoguera en lugar de renunciar a sus creencias. Estaban firmes en sus convicciones y, mientras se arrojaban al fuego, gritaban *Demori*, que significa *Yo permanezco*.

Mientras subía la montaña, recordé mi sueño. Vi gente subiendo y bajando apresuradamente, corriendo con prisa. Cuando llegamos a las ruinas del castillo, supe que debía cruzar una reja, saltar por otro camino y seguir por otro lado. Y así lo hice. Había unas cadenas separando una parte del castillo, y muchas personas no se atrevieron a pasar. Yo salté, subí unas escaleras y me encontré frente a un salón abierto al aire libre. Había diferentes puertas o arcos que parecían haber sido entradas a otras habitaciones o pasadizos. Definitivamente, estaba en el castillo de mi sueño.

Para continuar explorando, tenía que bajar otras escaleras y caminar hacia los arcos de piedra. En ese momento me encontré sola, y me dio miedo. No por algo paranormal, sino por la sensación de que, si algo me pasaba —si me caía, si me perdía—, nadie me encontraría. Así que me detuve un momento a observar mi entorno y respirar antes de seguir adelante.

De repente, llegó un hombre, bajó las escaleras y recorrió el lugar, lo que me dio más tranquilidad, y comencé a tomar fotos. Luego, una compañera de viaje, cuyo nombre significaba «reina», también bajó y exploró. Súbitamente, gritó con emoción:

—¡Ay, qué lindo!

Eso me animó a seguirla. Además, pensé: «Un momento, en mi sueño había un hombre… ¿será esta la señal?».

Así que bajé las escaleras y fui tras mi compañera para averiguar qué la había emocionado tanto. A la derecha, en uno de los arcos de la esquina, ella se detuvo en la entrada.

Me acerqué y vi lo que parecían unas escaleras, pero en forma de espiral, ascendiendo, como si condujeran a una antigua habitación. Entonces, noté algo en los escalones.

—¿Son rosas? —pregunté, incrédula—. ¿En el suelo hay rosas?

—¡Sí! —respondió ella—. ¿No es hermoso?

Por dentro, yo gritaba de emoción. *¡A ver, quién hizo esto! ¡Rosas rojas! ¡En el suelo! ¡En unas escaleras en espiral! ¿En un castillo que ya no existe pero que alguna vez estuvo aquí? ¡¿Qué está pasando?!*

Me quedé completamente en shock.

—¿Tú pusiste esas rosas? —le pregunté.

Las flores estaban frescas: tres rosas rojas y algunas rosadas, perfectamente dispuestas sobre tres escalones de la torre. En serio, ¿qué clase de broma era esta? ¿Quién las había colocado ahí? ¿Alguien sabía el significado de esas escaleras? ¿O simplemente las dejó sin saberlo? ¿O acaso descendió alguien de otra dimensión y me las puso ahí? *Será un misterio para siempre*, pensé. Pero, sin duda, el misterio más espectacular que había vivido en un viaje místico hasta ese momento.

Le conté a mi compañera el sueño.

—Pensarás que estoy loca —le dije—, pero soñé exactamente esto. Lo tengo escrito. Te voy a mostrar mi cuaderno. En mi sueño, había rosas rojas y una reina que vivía en este castillo.

Fue entonces cuando ella me dijo:

—¿Sabes que mi nombre significa «reina»? Me lo dijeron precisamente en este viaje.

¿Necesitaba más confirmación? La magia sí existe en la vida real. No estaba en una película de Netflix ni en una historia de Disney. Era mi realidad, y otro de mis sueños sobre este viaje se había cumplido al pie de la letra. Pero la pregunta del millón era: *¿Qué significa todo esto? ¿Qué mensaje hay aquí?*

El Castillo de Montségur

Una experiencia para confirmar que la magia existe.

Pues bien, lo primero era creer. Creer en la magia de la vida, en el universo en el que habitamos. Era una señal de que la magia en mi vida estaba retornando, un mensaje de sanación, un regalo del destino para que dejara de pensar en la muerte y me enfocara en la vida.

Como soy muy curiosa, había leído que el único sacramento de los cátaros se llamaba *consolamentum*. Era el único ritual que practicaban, ya que los cátaros creían en la conexión directa con el espíritu. Ni siquiera creían en la cruz, pues para ellos representaba sufrimiento. El bautismo y otros rituales de la Iglesia Católica de la época tampoco eran de su agrado.

El *consolamentum* consistía en una imposición de manos sobre la cabeza de la persona que acudía a los cátaros en busca de ayuda. Literalmente, era un acto para consolar, para transmitir sanación emocional. Tenía que ser realizado por un *perfecto* o *perfecta*, ya que en el catarismo había muchas mujeres liderando la causa. De hecho, según algunos historiadores, había más mujeres que hombres en el movimiento.

Le propuse a mi compañera de viaje que hiciéramos el ritual allí mismo.

—Tú me pones las manos en la cabeza y yo te las pongo a ti.

Así lo hicimos. Por un momento, ambas fuimos *perfectas cátaras*, y nos deseamos sanación en nuestra alma y nuestra vida. Descubrimos que teníamos algo en común: ambas necesitábamos sanar aspectos relacionados con nuestra sexualidad y con el amor de pareja. Tal vez por eso nos encontramos solas en ese lugar, justo en ese momento.

Nos tomamos una foto, hicimos un momento de silencio para interiorizar lo sucedido y nos fuimos.

Cuando salimos de aquella área, de todo el grupo de 33 personas, únicamente dos mujeres más se interesaron en ir allí. Nadie más pasó por esa parte del castillo.

El Castillo de Montségur

En ese preciso instante, muchas preguntas surgieron en mi mente: *¿Fui cátara en otra vida? ¿Era yo la reina del sueño? ¿Vivió ella en este castillo? ¿Quién puso esas rosas ahí y por qué?* Algo debía saber la persona que las colocó en aquellas escaleras.

Fue una experiencia increíblemente hermosa. Bajé de la montaña sintiéndome renovada, consolada por la memoria de los cátaros y de las *perfectas* que, siglos atrás, habían habitado ese lugar.

Al día siguiente, subí la historia a la cuenta de Instagram de *Lemurian Wisdom*. Poco después, una amiga que no pudo hacer la subida porque estaba enferma me envió un mensaje:

—Deberías buscar información sobre Esclarmonde de Foix. Ella vivió en ese castillo. Quizás te sirva para comprender lo que experimentaste.

Inmediatamente pensé: *¿Será que yo fui ella?*

De regreso a casa después del viaje, me compré varios libros más sobre María Magdalena y los cátaros, dos de Óscar Fábrega, y me sumergí en documentales sobre el catarismo. Necesitaba entender qué había pasado en Montségur; era algo que tenía que descifrar.

Recapitulé el libro de los papiros, vi documentales sobre Esclaramonde de Foix, los cátaros, el sur de Francia, el papel de las mujeres en el catarismo y, además, llegué a *La Divina Comedia* de Dante.

Resulta que Dante fue cátaro, y su obra, que trata sobre los siete reinos espirituales a los que el alma asciende tras la muerte, está escrita en un lenguaje que, aunque tiene una fuerte impronta católica y bíblica, en realidad esconde enseñanzas místicas. Seguramente, por la época en que vivió, tuvo que expresarlo de esa forma, pero cuando lo lees con una perspectiva más esotérica, comprendes que está hablando de dimensiones espirituales. *La Divina Comedia* describe siete niveles, cada uno ligado a un estado de consciencia. El número siete, sin duda, es un número cátaro, y las escaleras en espiral son otro símbolo clave: representan la ascensión de la consciencia.

Las siete potestades del ego en el *Gospel de María Magdalena*, los siete escalones del camino espiritual, las siete dimensiones de la consciencia…, todo está conectado. No recuerdo exactamente cuántos escalones había en la torre del sueño, pero sí sé que en muchas tradiciones místicas la escalera en espiral simboliza el proceso de sanación. Sanamos en espiral, siempre hacia arriba. Vamos subiendo, y si necesitamos revisar un tema del pasado, descendemos un escalón para luego seguir ascendiendo.

El sueño de Montségur era un mensaje claro. Yo no fui Esclaramonde de Foix en otra vida. La reina del sueño era yo. Me estaba sanando a mí misma. Subir las escaleras en espiral representaba la ascensión de los egos, la liberación de las siete potestades del ego que Jesús enseñó a Magdalena y que ella dejó por escrito. Fue un mensaje de que he estado haciendo bien mi trabajo de sanación. Lo supe porque la rosa roja es una señal clara de María Magdalena. Cada vez que ella me guía, hay señales específicas que me confirman su presencia.

La enseñanza de Margaret Starbird en su libro *La prostituta sagrada* me ayudó a sanar la memoria de la mujer que fui, a liberarme de la adicción a la promiscuidad, a honrar mi cuerpo y mi sexualidad sagrada. Respetar mi templo. Todo lo que viví en Montségur fue un ritual de consolación.

Hoy en día, el catarismo tiene un papel muy importante, no como un culto a revivir, sino como una fuente de sabiduría que podemos recuperar. Uno de sus principios más importantes es la conexión directa con el espíritu. No necesitas intermediarios. Puedes conectar con lo divino desde la tranquilidad de tu casa. No hay sacramentos que te salven. ¿Salvarte de qué? Si en el *Gospel de María Magdalena*, Jesús le dice que el pecado no existe, entonces el trabajo es interno y personal.

Pero el dogma nos ha condicionado a creer que necesitamos ser salvados, que alguien más lo hará por nosotros. Y por eso seguimos sufriendo. Como le dijo Jesús a Magdalena: «Amas lo que te enferma porque vives para ello».

La escalera de ascensión cátara es un viaje al interior del alma. Nadie nos salva más que nosotros mismos. María Magdalena no me salvó; fui yo quien decidió salvarme. Ella, mis ancestros y el maestro Jesús me señalaron caminos, pero yo elegí recorrerlos. Pude quedarme en la oscuridad de mi sufrimiento y no hacer nada, pero tomé otra decisión. No he sido disciplinada en el sentido estricto: no soy de las que se levanta a las cinco de la mañana a meditar ni sigo dietas extremas. Pero he tenido determinación. Siempre he pedido lo mismo en mis oraciones: paz y armonía en mi vida. Porque con paz y armonía, todo lo demás llega. Pero con un corazón intranquilo, ¿quién puede tener una vida plena?

Si alguna vez has estado en terapia psicológica, seguramente te han dicho que sanar es como pelar una cebolla, quitando capas hasta llegar al centro. Esa analogía es exactamente lo que representa la escalera en espiral: sanamos capa por capa, subiendo escalones. A veces sentimos que volvemos a lo mismo, pero no es así. Cada vez que revisamos una herida, la vemos con una nueva perspectiva, con más sabiduría. Si te fijas, nunca lloras dos veces por lo mismo; cada vez que lo haces, es diferente.

El camino a la ascensión del alma es una espiral. Si te fijas en las escaleras en forma de caracol, en la parte superior parecen un ojo, el ojo que revisa una y otra vez. Si usáramos la analogía de la cebolla, no podríamos volver a colocar la capa anterior porque la desechamos. En cambio, en la escalera, la historia está completa: sólo necesitas bajar un escalón y volver a revisar, pero con una nueva perspectiva.

No te frustres si debes revisar nuevamente lo que creíste haber sanado. Si un tema vuelve a presentarse en tus sueños después de un tiempo, es porque la vida ya te preparó para mirarlo desde otra óptica.

Después de años, no ves a tu ex de la misma forma; con el tiempo, únicamente queda indiferencia, aceptación o una mirada de compasión. La escalera nos enseña eso: podemos volver a revisar, pero debemos seguir subiendo.

A veces revivimos una misma experiencia, pero desde la perspectiva del villano, del victimario. ¿Cuántas veces has sentido que algo ya lo viviste, pero antes eras la víctima? La vida nos da la oportunidad de aprender a profundidad: esa es la ascensión en la escalera de la consciencia.

Antes de cerrar este capítulo —por si no lo notaste, pues yo sí hice esa asociación—, quiero compartir contigo una reflexión sobre los detalles de mi sueño. En él, vi el número 7 y, además, algo relacionado con la pista 14.

El número 7 representa la ascensión espiritual: las siete potestades del ego, los siete demonios de María Magdalena, las siete dimensiones descritas por Dante en *La Divina Comedia*. El número 14, por su parte, está vinculado a los cátaros.

Cuando la Iglesia de Roma intentó erradicar el catarismo, la última resistencia se dio en el castillo de Montségur. El papa Inocencio III estaba obsesionado con acabar con la herejía cátara en Occitania, lo que hoy conocemos como la Provenza, en el sur de Francia.

La persecución de los cátaros duró años. Aquellos que renunciaban a su fe eran perdonados, pero quienes se mantenían firmes eran quemados vivos. Muchos de ellos murieron con la frente en alto, convencidos de sus creencias.

Los cátaros son, literalmente, la demostración de lo que es ser un muy buen rebelde con causa. Cuando se produjo la toma del Castillo de Montségur por parte de los romanos, las leyendas cuentan que algunos *perfectos* fueron avisados con antelación, lo que permitió que dos de ellos escaparan dos días antes de la toma del castillo. La toma ocurrió el 16 de marzo de 1244; si fue dos días antes que cuatro cátaros escaparon, eso significa que fue el 14 de marzo.

En uno de mis sueños, apareció que una de las pistas importantes era encontrar la rosa número 14 o 15, así que fue en alguno de esos dos días que lograron llevarse montaña abajo el secreto de los cátaros.

¿Pero qué era ese secreto? Ni idea, jajaja. Algunos historiadores dicen que la persecución de los cátaros no sólo fue por sus creencias y por representar una amenaza al Imperio romano-católico, sino también porque había rumores de que, en el Castillo de Montségur, ellos guardaban el *Santo Grial* y también un tesoro cátaro, compuesto por oro y muchas pertenencias materiales.

Sin embargo, las leyendas cuentan que los cuatro cátaros que bajaron la montaña antes de que llegaran los romanos no llevaban oro, sino las enseñanzas más importantes del catarismo: las enseñanzas de la *Iglesia del Amor*.

Lo que relatan otros historiadores es que el tesoro de Montségur ya estaba resguardado desde antes. Desde diciembre de 1243, varios cátaros habían hecho la labor de guardar el tesoro del castillo en el bosque, en el lado norte de la montaña. Entonces, lo que sucedió la noche anterior —es decir, el 15 o el 14 de marzo de 1244— fue que esos cuatro personajes escaparon para proteger el tesoro que ya llevaba un tiempo fuera del castillo.

Unos dicen que el tesoro era sólo dinero y objetos con los que los cátaros vivían, pero otros aseguran que lo que se llevaron fueron todos los escritos, rituales y enseñanzas sobre la *gnosis primitiva* en la que ellos creían, literalmente, *el libro del amor del catarismo*.

¿Era eso el Santo Grial? No se sabe. Pero sí existen fuertes afirmaciones de que eso fue lo que sucedió.

A mí me gusta creer más esta última parte, porque, al estudiar a los cátaros, se nota que eran los menos apegados a las cosas materiales. Y ya sabiendo que iban a morir, seguramente lo que fueron a proteger era mucho más importante que un tesoro de monedas.

Esto es algo que me queda pendiente por investigar y descubrir. Por algo se me mostró en el sueño. Después de esta experiencia en Montségur, me quedaron ganas de volver, de quedarme más tiempo allí, de seguir explorando.

La gran enseñanza de este viaje al sur de Francia fue el catarismo y los mensajes de Magdalena, que continuaron llegando a mí incluso después de regresar a casa, en Colombia.

14. Los herejes. Los puros. Los rebeldes con causa

CÁTARO ERA UN apodo, ni siquiera el nombre que ellos usaban para identificarse. *Cátaro* significa *puro*. ¿Por qué son importantes en la historia de María Magdalena? Primero, porque esta corriente de pensamiento espiritual nació en el sur de Francia, lugar donde se dice que ella vivió. Segundo, porque hasta la muerte se opusieron a la Iglesia Católica, pero, además, tenían creencias tan profundas que dejan a cualquiera reflexionando. ¿Qué podría rescatar del catarismo para mi vida?

Cuando emprendí el viaje al sur de Francia, pensé en muchas cosas, pero jamás imaginé que me confrontaría tanto con sus creencias. Lo hizo de una manera positiva y sumamente expansiva, tanto que, al regresar a mi casa en Colombia después del viaje y de la experiencia en Montségur, el mensaje de Magdalena fue clarísimo para mí: *A la divinidad se le busca adentro y sin intermediarios.*

Por allá, en el año 1165, se proclamó un edicto condenando a los *herejes del Midi*. La Iglesia llamaba *secta* a la corriente de pensamiento de los cátaros y los etiquetó como *herejes*. Fue en el siglo XII cuando el catarismo comenzó a ganar más y más adeptos, pues proponía una visión particular de la espiritualidad.

Proclamaban una vida más simple y menos materialista. No creían en la cruz, pues para ellos representaba sufrimiento, y estaban convencidos de que no era la forma en que Jesús desearía ser recordado.

Al investigarlos en profundidad, descubrí que sus creencias estaban muy ligadas a la *Gnosis primitiva*, la misma que, según diversas fuentes, Jesús y María Magdalena estudiaron y practicaron. Pero ojo: la Gnosis primitiva no tiene nada que ver con las corrientes gnósticas que han surgido con el tiempo, muchas de ellas una mezcla más que todo de diversas ideas que terminan pareciendo cultos y creando un caos energético.

Los cátaros no estaban de acuerdo con el ritual de la misa ni con la idea de que se necesitara un templo para conectar con Dios o con Jesús. Para ellos, la comunicación con la divinidad podía hacerse perfectamente desde casa o en cualquier otro lugar, por ejemplo, desde el trabajo.

Tampoco aceptaban el Antiguo Testamento. Para ellos, este texto estaba distorsionado y creaba la imagen de un Dios castigador, lo que coincidía con la creencia gnóstica de que el Dios del Antiguo Testamento no era el verdadero Dios, sino el *Demiurgo*: una entidad que promovía la separación, el miedo y la distorsión de la verdad.

¿Qué opino de esto? No creo en un Dios castigador que impone miedo y separación, un Dios que solamente se la pasa reprendiendo y esperando el *Juicio Final*. Creo en el *Gran Espíritu*, en una divinidad perfectamente conectada conmigo, sin separación alguna. No se trata de creer en Dios, sino de experimentarlo cada día. Lo he sentido en la ayahuasca, en mis sueños, en mi vida cotidiana.

Los cátaros también creían en la purificación del cuerpo como vía para una mejor conexión con lo divino. Eran vegetarianos y promovían la práctica de la castidad o la abstención, especialmente entre aquellos que deseaban convertirse en *perfectos* o *perfectas*.

Su visión del mundo era dual: creían en la existencia del bien y el mal, y en la necesidad de equilibrarlos para purificar el alma. Para ellos, Dios significaba amor, y muchas de las acusaciones que les hizo la Iglesia romana fueron exageradas.

Rechazaban el bautismo, el matrimonio y los demás rituales impuestos por la Iglesia Católica, pues consideraban que estaban alejados de la verdadera enseñanza de Jesús y del verdadero Dios. Veían estos rituales como una continuación de las prácticas del *Demiurgo*.

Se hacían llamar *la Iglesia del Amor*, y sus seguidores eran conocidos como *los buenos hombres* y *las buenas mujeres*. A diferencia de la Iglesia romana, su movimiento era equitativo en la participación de las mujeres. De hecho, los registros históricos indican que ellas estaban incluso mejor preparadas y tenían más conocimiento sobre las enseñanzas místicas de Jesús que los propios hombres. Un aspecto fascinante del catarismo es que los cátaros tradujeron las escrituras y, al parecer, cada uno tenía acceso a su propia copia de la Biblia.

La constante confrontación de los cátaros frente a la Iglesia romana se debía a que consideraban que esta se aprovechaba económicamente de los creyentes. Por eso no creían que se necesitara ningún tipo de templo, ni imagen, ni ritual, ni iglesia para la comunicación con el Espíritu, porque simplemente la conexión era directa. Y si uno vivía en las virtudes, eso ya era una muestra de que, en el diario vivir, realmente se estaba siguiendo lo que enseñó Jesús.

No me imagino la cantidad de adeptos que ganaba el catarismo; por eso la Iglesia romana se sintió amenazada y se comprometió a acabar con ellos.

Con todo en lo que creían los cátaros y su fuerte apego a las enseñanzas gnósticas que seguían Jesús y María Magdalena, no cabe duda de que ellos creían que Jesús había sido su esposo y que ella había vivido en el sur de Francia. Lo que hacían era continuar con su legado de enseñanza.

En cuanto al Castillo de Montségur, me falta mencionar a Esclaramonde de Foix, una mujer de familia noble que se casó primero con Jordá de L'illa-Jordá en el año 1200, pero luego enviudó y volvió a casarse con el rey Jaime II, convirtiéndose en la reina consorte de Mallorca.

Existen varios relatos históricos sobre su vida. Se dice que, tras la muerte de su esposo y con sus hijos ya mayores, se unió a la causa cátara y fue nombrada *perfecta*. Se estableció en el castillo de Montségur y estuvo acompañada por varias mujeres *perfectas*.

Hay una leyenda que cuenta que, cuando ella murió antes de ser capturada por los romanos, una paloma blanca salió volando por la ventana de su cuarto en el castillo. Desde entonces, la paloma se convirtió en un símbolo importante para los cátaros.

Cuando volví a casa después del viaje, tuve varios enfrentamientos espirituales, no tanto en relación con María Magdalena y su paso por el sur de Francia —porque estoy segura de que fue así—, sino con la lectura del libro de Óscar Fábrega, *Verdades y mentiras de la Magdalena*. Juntando mi experiencia en el Castillo de Montségur y tratando de comprender qué significaba tanto catarismo en mi cabeza, entendí el mensaje: *el espíritu se busca adentro*.

Todos estos lugares en el sur de Francia tienen su misticismo, sin duda alguna, y vale la pena hacer el viaje para sacar conclusiones propias. Para mí, los sitios más impactantes fueron aquellos que guardan fuertes memorias cátaras y la iglesia donde se cree que está la calavera de María Magdalena.

Ir al sur de Francia es un viaje más hacia el interior que un simple tour de templos. Creo firmemente que el mensaje de las escaleras en Montségur fue claro: *el enfoque está en la propia escalera, en la espiral de nuestra propia vida*. Uno de los sueños que tuve al regresar fue el de una mujer gritándome desde una montaña: *¿Qué haces buscándome ahí?* Yo estaba en la entrada de la montaña de Saint-Baume, y la mujer repetía una y otra vez: *¿Por qué me buscas allá?*

A cada persona le tocará un lugar de manera diferente, pero creo que este viaje nos invita a cuestionarnos si realmente necesitamos una estructura para entender que *ya tenemos conexión directa con el espíritu*. Al final, en eso creían María Magdalena y Jesús. Según se lee en su historia, Jesús enseñaba bajo un árbol.

Tal vez algunas de las prácticas de los cátaros resulten extremas hoy en día. No necesitamos ser perfectos ni hacer votos de castidad, pero sí valdría la pena reevaluar todo lo demás por lo que luchaban y por qué la Iglesia los persiguió hasta la muerte.

15. Identificando a la Magdalena

Ya les conté que el jarro de alabastro es un elemento significativo a la hora de identificar un fresco, un vitral o una pintura de María Magdalena. Siempre está a su lado, en sus manos o a sus pies.

Sin embargo, gracias a los viajes, las investigaciones y mis experiencias personales, he aprendido que hay otros elementos que pueden dar pistas sobre su presencia, ya sea en sueños o en la vida diaria.

La flor de lis

Los reyes merovingios de Francia aseguraban ser descendientes directos de María Magdalena y Jesús. El símbolo que representaba al rey merovingio Clodoveo era la flor de lis. Este emblema, que hoy es utilizado por la realeza y también por los *Boy Scouts*, ha sido interpretado de diversas maneras. Algunos lo asocian con la Trinidad cristiana, otros con el antiguo Israel y el Templo de Salomón, y hay quienes lo consideran un símbolo pagano o del cristianismo moderno. Lo cierto es que quienes más lo usaron en Europa fueron los reyes merovingios.

Ahora bien, ¿realmente María Magdalena y Jesús tuvieron hijos? No lo sé. Existen innumerables teorías al respecto, algunas que afirman que sí, otras que lo niegan. Lo que sí es un hecho es que hoy en día muchos seguidores de María Magdalena asocian la flor de lis con su figura.

La abeja

Se dice que la flor de lis, en términos simbólicos, deriva de la abeja. Curiosamente, la abeja también fue un emblema de los reyes merovingios, quienes llamaban a María Magdalena *Maria Regina*. Para esta dinastía, la abeja tenía un significado especial y representaba un símbolo familiar.

Además, se cree que tanto la abeja como su miel tienen una connotación arquetípica femenina, simbolizando la diosa del amor. Algunos sostienen que este era el modo secreto en el que los merovingios honraban la supuesta descendencia de Jesús y María Magdalena, ya que es un símbolo vinculado a lo femenino. Y como ya sabemos, en torno a María Magdalena y Jesús, todo parece estar rodeado de simbolismos ocultos.

Al parecer, hemos pasado más de dos mil años encubriendo una verdad por miedo, pero quizás ya ha sido suficiente.

La Cruz de la Camarga

Este símbolo en particular no me llamó la atención al principio. Cuando estuve en el sur de Francia, simplemente lo noté y seguí mi camino. No obstante, con el tiempo su significado se hizo presente en mi vida de una manera sorprendente.

Según la tradición oral, María Magdalena llegó al sur de Francia en el año 44 d.C., desembarcando en Saintes-Maries-de-la-Mer. Este es un pueblo hermoso que recomiendo visitar. Sentarse frente al mar y darse un baño en sus aguas puede ser un acto de limpieza y conexión con las memorias energéticas de los caminos que, tal vez, ella recorrió.

Meses después del viaje, empecé a usar este símbolo en sueños. Lo veía en el astral y lo utilizaba como una herramienta de protección y sanación ante diferentes situaciones.

Lo más curioso es que lo usaba con una naturalidad impresionante, como si ya lo conociera de memoria. Esa experiencia me dejó tan impactada que, al despertar, inmediatamente recordé la famosa *Cruz de la Camarga*, la misma que había visto en Saintes-Maries-de-la-Mer.

La Cruz de la Camarga

El símbolo del anclaje al corazón.

Más adelante, conversando con una amiga sobre el enraizamiento y la importancia de estar centrado en uno mismo, ella me dijo que había visualizado una imagen de un ancla y un corazón, y que la clave estaba en *anclar el corazón al centro de uno mismo*. Al escucharla, algo en mí resonó y le pregunté:

—¿Te refieres a algo como este símbolo?

Le mostré la *Cruz de la Camarga*, y su respuesta fue inmediata:

—¡Sí, exactamente así!

Ella no es seguidora de María Magdalena, así que el hecho de que hubiera recibido este mismo símbolo en un mensaje intuitivo me pareció una confirmación increíble. Lo más curioso es que, cuando estuve en Francia, no me interesó en absoluto. No compré ningún recuerdo con la cruz, ni un dije, ni un llavero. Solamente tengo unas fotos. Sin embargo, la he usado en mis sueños tantas veces que ahora la recuerdo con total precisión.

Si observas esta cruz, notarás que en el centro tiene un *corazón* y un *ancla*. Su mensaje es claro:

Anclarse en el amor. Dejar de vivir en el sufrimiento.

Esto me hace pensar en los cátaros, quienes rechazaban la cruz porque la asociaban con dolor y sufrimiento. Pero este símbolo cambia esa percepción.

Si buscas información en vídeos sobre esta cruz en internet, no encontrarás mucho. Prácticamente, no hay información sobre esta cruz y no pretendo poner simbolismos en tu radar. Pero resonó en mí muchísimo la conexión que mi amiga y yo tuvimos sobre el anclaje.

Porque muchas veces pensamos que para anclarnos basta con hacer una «toma de tierra», con ir a la naturaleza o visualizar nuestros pies conectados al suelo. Pero gracias a mis sueños, a lo que me dijo mi amiga, a las enseñanzas de los cátaros y a la información que recibí por medio de la ayahuasca, entendí que el verdadero anclaje es al amor.

Si nos anclamos desde nuestro centro —no sólo poniendo los pies y la cabeza, no sólo pensando racionalmente— el anclaje es diferente. Anclo mi vida al amor, a la verdad, a estar en mi centro, a amarme, a escuchar mi corazón.

Centra el corazón en la cruz y en esa ancla. Espero que la busques y la uses cuando sientas que necesitas protección por cualquier tipo de circunstancia. Y si la ves por ahí, ya sabes el mensaje: *ánclate al amor*.

Las rosas rojas de todos los tamaños

Las rosas rojas están profundamente conectadas con María Magdalena, tanto para armonizar y mejorar el ambiente como para atraer su energía de vida y tranquilidad. Incluso diría que las más pequeñas, aquellas que parecen botones, tienen un significado especial relacionado con ella. De hecho, son las que más veo en mis sueños.

Las Hadas

¿Hadas? ¿En serio? Sí, incluso creo que son las ayudantes de María Magdalena. En diversas circunstancias, ya sea en Inglaterra, en experiencias con la ayahuasca, en mi propia casa o en sueños, las hadas han hecho acto de presencia. Siento que, además de representar una energía profundamente femenina y una conexión con la feminidad propia, son parte del círculo espiritual de Magdalena.

Esto es únicamente una percepción personal basada en asociaciones, ya que nunca les he preguntado directamente. Sin embargo, buscando información sobre este tema, encontré en el libro de Margaret Starbird, *María Magdalena y el Santo Grial*, una confirmación inesperada: no sólo menciona a las hadas, sino que también establece una relación entre la historia de María Magdalena y los relatos de *Rapunzel* y *Blancanieves*.

El aceite de nardo y el aceite de rosas

El aceite de nardo es especial porque, según la tradición, fue el que María Magdalena utilizó para ungir a Jesús. El aceite de rosas, por otro lado, es característico de su presencia debido a su aroma inconfundible.

La cabellera larga

En todos los frescos y vitrales que la representan, María Magdalena siempre aparece con el cabello largo y suelto.

Otros símbolos y conexiones

Existen muchos más símbolos ocultos e historias de logias y grupos que han honrado a María Magdalena a lo largo de los siglos. Entre ellos, destacan el *Cantar de los Cantares*, *La dama y el unicornio*, la Magdalena celta, los druidas, las sacerdotisas del agua e incluso el tarot.

Si este tema te apasiona y sientes que en la exploración e investigación de su historia puedes descubrir algo sobre ti misma, entonces vale la pena sumergirse en el estudio y hacer el trabajo.

16. El retorno de los ancestros para arreglar lo que dañaron

PARA CERRAR ESTE libro con broche de oro, quizás pienses: *¡Vaya vida tan dramática la de esta chica! ¡Parece una novela!* Pero ¿qué pensarías si te dijera que la única responsable de todo el drama que puedes estar viviendo en tu vida eres tú? ¿Que planeaste cada detalle perfectamente para *retornar* y arreglar todo el desorden que tú misma creaste? ¿Qué pensarías?

Más allá de querer saber si en alguna vida fui hada, sacerdotisa, chamana, o cualquier otra cosa —algo que, por cierto, nunca he preguntado—, lo que realmente me ha interesado es conocer el historial de mis ancestras, especialmente el de mi línea materna.

Las ceremonias de ayahuasca deben ser intencionadas. Es decir, además de seguir una dieta de alimentación y evitar energías distorsionadas, hay que reflexionar durante varios días sobre el propósito de la conexión con la medicina. Mis intenciones siempre han sido las mismas: limpieza, claridad, verdad y sanación en esta vida presente.

Recuerdo que, para la ceremonia que voy a relatar, le pedí a la ayahuasca que me ayudara a encontrarme con mi energía femenina. Había pasado toda mi vida operando como una mujer con actitud de hombre. No es que eso esté mal, pero sí me estaba haciendo daño. No me permitía actuar en mi negocio con sensibilidad y conexión; sentía que llevaba años funcionando únicamente en modo *hacer, hacer, hacer*.

Cuando quería o necesitaba descansar, me sentía culpable, como si no lo mereciera. Así había sido durante muchísimo tiempo. Comencé a trabajar a los 17 años y, desde entonces, parecía estar siempre corriendo tras esa necesidad de supervivencia. Sentía que, si me tomaba unos meses de descanso, me iría a la pobreza. Claro, aquí entraban en juego muchas lealtades y programas que absorbí del ambiente en el que crecí.

Lo cierto es que estaba agotada. Necesitaba sensibilidad en la comunicación, aprender a ser más asertiva, dejar de competir con los hombres y también con mujeres que, al igual que yo, habían adoptado una energía masculina muy marcada. Así que formulé mi intención para esa ceremonia:

Abuela Ayahuasca, ayúdame a liderar mi negocio desde la energía femenina. Ayúdame a encontrar esa feminidad en mí, la que he perdido por tanto tiempo, la que he olvidado.

Y entonces comenzó la visión. Empecé a comprender el sufrimiento de mi abuela materna. Vi su herida de rechazo y abandono. Sentí su tristeza en lo más profundo y, de repente, la ayahuasca me dijo algo que me dejó paralizada:

— *Y quien causó todo eso fuiste tú.*

En ese instante, recordé una serie de sueños que había tenido semanas antes de la ceremonia. Eran el hilo conductor de esta historia.

— *¿Cómo que yo causé esto?* —me pregunté—. *¿Mi abuela sufre por mí? No entiendo.*

— *No* —respondió la ayahuasca—. *Tú perteneces a esta familia desde hace mucho tiempo. Ya has estado antes en esta familia.*

Entonces me mostró quién fui en una vida pasada: una ancestra de generaciones atrás. Me mostró quién fue mi esposo, quiénes fueron mis hijos y cómo, en esta vida, bajo la persona de Mónica, sigo cargando con la misma herida de rechazo y abandono. Porque yo misma decidí volver. Yo elegí *retornar* para arreglar el sufrimiento que causé.

Jamás me esperé algo así. Comencé a comprender el dolor de mi madre, el de la madre de mi abuela. Vi la herida del rechazo recorriendo toda mi familia.

¿Cómo es posible? ¿Es decir que, desde la consciencia álmica, decidimos volver para resolver nuestros propios asuntos? Entonces, en realidad, no hay karma… ¡Soy yo misma quien tomó la decisión de resolver tantas cosas en esta vida! Y así es.

En esa vida que se me mostró, también fui abusada sexualmente. Y en esta vida, me encontré nuevamente con la persona que fue mi abusador. En aquella existencia fui abusada por mi propio padre.

Cuando estás bajo los efectos de la ayahuasca, el entendimiento es profundo y puedes seguir preguntando e indagando si lo que estás viendo y sintiendo es real. Después de años de experiencia con la medicina, puedo decir que la confirmación de las verdades no está tanto en las visiones, sino en lo que se siente. También es cierto que, en estas ceremonias, podemos ver cosas que provienen del ego, y que existen energías sutiles que pueden influenciarnos con distracciones. Hay que estar firme, aprender a distinguir la verdad de la ilusión. Tomar ayahuasca es estar en el astral en vivo y en directo.

Desde hace meses, venía explorando la posibilidad de que mi familia tuviera maldiciones generacionales. Entonces, tuve un sueño en el que, con la Cruz de la Camarga en las manos y cantando canciones a María Magdalena, entonaba cánticos frente a una hoguera en la que quemaba papeles llenos de palabras que parecían maldiciones…

Mientras la ayahuasca me explicaba toda la historia que venía a sanar, sentí una sensación en mi estómago de vómito urgente. Me levanté y salí de la *maloca*. Incluso en el vómito hay mensajes, porque estamos dejando algo atrás, expulsando lo que ya no nos sirve, y hay que tener entendimiento. La forma en que la ayahuasca te habla no es que, literalmente, una planta se pare a tu lado y te hable en voz alta. No. Es una voz interna, un diálogo en tu sentir, en tu mente, que te guía sobre lo que debes hacer.

Cuando me agaché en el pasto para vomitar, una voz en mi cabeza me decía: «Dilo, dilo, vomita las palabras». «¿Cuáles?», pregunté en voz alta. «Las maldiciones que tú misma te pusiste».

¡Ok! Entonces las maldiciones no me las puso nadie más, fui yo. Entendí perfectamente cuáles tenía que decir, pero no fueron suficientes. Volvió el vómito y, de nuevo, la petición: «Dilo, dilo». Había una segunda maldición. Me sentí más aliviada, pero aún faltaba algo. Otra vez la petición: «Dilo, dilo». Esa era la tarea: repetir en voz alta las tres maldiciones y juramentos que había pronunciado en esa vida pasada, cancelarlos y, sólo entonces, expulsarlos físicamente. Lo sorprendente fue que vomité saliva, espesa y gruesa. Las palabras tienen un poder inmenso.

Cuando vomité por última vez, comencé a llorar y, sincrónicamente, comenzó a llover. Me arrodillé en el pasto, sintiendo las gotas en mi rostro, y experimenté una felicidad plena en mi corazón. Luego, me puse de pie y comencé a agradecer uno por uno a los ancestros que han trascendido. Sabía que me habían ayudado en sueños, en el astral, en otras ceremonias y, en general, en mi vida diaria, protegiéndome y guiándome.

Los nombré uno por uno mientras la ayahuasca me mostraba que podía elegir mi vida desde otro lugar. Vi que, en aquella vida pasada, y también en esta, he elegido el aprendizaje desde el dolor. Pero no siempre es necesario aprender desde el sufrimiento. Podemos optar por otros caminos. Fue entonces cuando grité con todas mis fuerzas:

¡Nunca más desde el dolor, elijo aprender desde el amor! ¡Nunca más desde el dolor, elijo aprender desde el amor! ¡Nunca más desde el dolor, elijo aprender desde el amor!

Lo repetí tres veces porque el tres es un número mágico, el número de la consciencia crística.

Ese grito salió de lo más profundo de mi alma. Una ceremonia de esa intensidad no deja lugar a dudas sobre lo que acabas de sanar. Había hecho terapia con la mujer que conocí en Francia, había tenido sueños, meditaciones y sesiones de constelación, y sabía que algo tenía que ver con mis ancestras. Pero jamás se me habría ocurrido que la protagonista y antagonista de esta historia era yo misma.

No hay demasiada información sobre esto. Se habla mucho de la reencarnación, pero no sobre el retorno de los ancestros en la misma familia. Mucha gente lo encuentra absurdo, ilógico. Otros lo consideran poderoso, lógico y positivo.

Para mí, todo cobraba sentido. Vi el sufrimiento de las mujeres de mi familia, comprendí que, en parte, yo misma lo había causado en una vida anterior y decidí volver para resolverlo. Tuve que experimentar en carne propia el rechazo de todo mi linaje. ¡Vaya, vaya, si el alma es inteligente!

Seguramente, la rueda del *samsara* es eso: cuando nos hundimos en el sufrimiento, repetimos y repetimos historias sin saber que hay otros caminos. El perdón y la compasión son llaves para romper con la repetición de patrones. No es necesario buscar venganza. Las comprensiones que se tienen en ceremonias de ayahuasca son muy diferentes.

Comprendí entonces que no es reencarnación, es *retorno*. Retornamos para arreglar nuestro propio caos. Por eso nos enfrentamos a tantas pruebas, emociones intensas y sanación de tantos traumas.

La herida más grande que había causado era la del rechazo. La generé en las mujeres de mi familia, tanto hacia otras mujeres como hacia los hombres. Por eso, en esta vida, tuve que vivir el rechazo en carne propia.

Somos los héroes de nuestra propia historia. Liberarse de maldiciones significa limpiar las palabras. Maldición es, literalmente, la palabra «mal dicha», un «mal decir».

Las más fuertes son las que nosotros mismos nos imponemos: «No puedo», «Juro estar con este hombre por toda la eternidad», «No amaré a nadie más que a él», «Maldigo a todos los hombres que me hicieron daño», «Ojalá el karma lo alcance». Estas frases son maldiciones, porque llevan la intención del odio, la revancha y la venganza. Y, por lo tanto, son un *mal decir*.

El retorno de los ancestros es real. ¿Qué ancestro serás tú en esta vida? ¿Acaso fuiste tu abuelo, del que tanto hablan? ¿Tu tatarabuelo? ¿Alguna tía? Siempre te has sentido interesado en la vida de cierto miembro de la familia… ¿Tal vez uno alemán? ¿Uno francés? ¿Quizás el indígena que nació en el Putumayo? La familia siempre deja señales. Para mí, comprenderlo fue una revelación, pues llevaba tiempo investigando los patrones y la historia de mi linaje.

Sé que hay muchas formas de acceder a esta información. Mi camino fue con la ayahuasca porque así lo elegí. Tomar la decisión de sanar con ayahuasca no es fácil. Nunca recomiendo lugares ni sugiero a nadie que vaya a un sitio en particular. Siento que se debe sentir un llamado profundo y entender que la ayahuasca te lleva por un camino de gran profundidad que muchos no logran recorrer. Se pasan muchas pruebas, existen guías inadecuados y personas con intenciones que no están alineadas con el camino del bien. Yo he tenido que atravesar esas experiencias.

La intención debe ser pura y venir desde el corazón, no sólo por curiosidad o por querer experimentar. Todos los caminos conducen a la iluminación; cada uno debe elegir el que resuene con su intuición y verdad. También debo decir que mi proceso no se ha basado únicamente en la ayahuasca. He aprendido a través de libros, viajes, meditación, sueños, terapia psicológica y sesiones con psiquiatras.

En este libro te comparto uno de esos caminos, uno muy lindo, el de María Magdalena, un sendero que yo misma elegí y que me ha llevado a comprensiones profundas de la vida. Sólo hace falta que tomes la decisión de emprender tu propia búsqueda para entender lo que tu alma vino a hacer en esta existencia.

Ya he mencionado que dos de las heridas más complejas que se desarrollan tras un abuso sexual son el rechazo y la vergüenza. Cada persona las manifiesta de manera diferente, pero cuando hay una transgresión a la sexualidad, inmediatamente surge el rechazo al propio cuerpo, el cual se enlaza con un sentimiento profundo de vergüenza: *me da vergüenza ser quien soy.* Es un ciclo interminable que comienza en el instante del abuso y que, probablemente, sólo se sana cuando llegamos al centro de la herida y nos atrevemos a mirarla de frente.

En mi adultez, cuando alcancé el punto más alto de mi promiscuidad, también tomé la decisión de ponerme implantes mamarios. En ese momento, pensé que era una cuestión de amor propio, de sentirme más segura de mí misma. Años después, cuando comencé un camino consciente de sanación y trabajé en mis heridas de rechazo, empecé a experimentar síntomas físicos del *Síndrome de ASIA (autoinmune/inflamatorio inducido por los adyuvantes),* una enfermedad asociada a los implantes mamarios. Entre los síntomas se encuentran inflamación, fatiga extrema, pérdida severa de cabello y dolor en las articulaciones. No existe una prueba médica específica para diagnosticarlo, pero mi señal fue clara: comencé a tener sueños recurrentes que me advertían que algo no estaba bien en mi cuerpo. En varias ocasiones, soñé con un quirófano, y eso me llevó a tomar la decisión de retirarme los implantes.

¿Cómo algo tan aparentemente simple podía afectar tanto? El día de la cirugía, cuando estaba en la camilla recuperándome de la anestesia, comencé a sentir que me ahogaba y pedí ayuda. Tenía escalofríos y la boca me temblaba. En ese momento, intenté recordar el sueño de la noche anterior, en el que veía abejas saliendo de mi boca. Una de las enfermeras se acercó y me preguntó qué necesitaba. Le respondí: «Creo que necesito llorar».

Las lágrimas comenzaron a brotar sin control mientras pedía perdón a mi cuerpo por haber permitido que algo externo entrara en él y le causara daño. Seguía sanando el tema del rechazo, seguía trabajando en mi relación con mi propio cuerpo. La desconexión que tenía con él era tan profunda que ni siquiera me había dado cuenta de lo denso que había sido ponerme implantes. Claro que en ese momento llegaron muchos más pensamientos: estaba buscando aprobación masculina, quería sentirme más atractiva, ser más vista, sexualizarme más… Pero todo venía de la herida del rechazo, una herida que se formó desde el instante en que fui abusada.

Sé que este no es necesariamente el caso de todas, pero estoy segura de que esta información le servirá a alguien que haya transitado un camino similar al mío.

17. El sagrado femenino y la sexualidad sagrada después del abuso

Hoy en día, todo se etiqueta como «sagrado». Es una tendencia de la *New Age*, dicen algunos. Yo misma estoy en contra de muchas cosas que promueve la *New Age*, cosas en las que no creo y que, desde mi experiencia personal, sé que llevan por otro camino.

Pero quiero hablar de *sexualidad sagrada* porque, para mí, antes no lo era. Era simplemente sexualidad, y no la honraba; la tenía completamente distorsionada. Así que, más allá de enseñarte qué es o no es sagrado, decidí llamarla así porque ahora considero que mi cuerpo, lleno de cicatrices invisibles por las manos que me tocaron y abusaron de él, es sagrado. Porque ahora lo respeto, lo amo. Porque me siento sanada del abuso sexual que sufrí de niña y que me causó tantas heridas. Tal vez a eso vine, a compartir lo que más he aborrecido y lo que más me ha costado sanar para ayudar a otros.

¿Qué es el sagrado femenino? Puede tener muchas perspectivas y significados según quién hable de ello y su propia experiencia de vida.

¿Fue real María Magdalena? ¿Hay una nueva reencarnación de ella en este momento? ¿Ella ha retornado? ¿Realmente tuvo hijos?

No lo sabemos, aunque muchos lo aseguren y afirmen que son la reencarnación de María Magdalena. Pero hay algo clave que he entendido a profundidad en esta historia: si ella ha retornado, probablemente ni siquiera lo sabría.

Un alma con esa impronta energética no tendría el ego de proclamarse como María Magdalena reencarnada, porque el mensaje que ella trae no tiene que ver con títulos ni con atribuciones. Su mensaje es encriptado para cada alma, y como todo misterio místico, debe ser descubierto por cada uno, en su propio camino, para entender dónde necesita sanar su propia historia.

Muchos dicen que se sienten como Jesús o como María Magdalena, pero no han entendido algo fundamental: *es la memoria de la consciencia de ellos*. Todos somos Jesús y Magdalena, porque eso es precisamente lo que Jesús dijo:

Yo soy el camino, la verdad y la vida; nadie viene al Padre, sino por mí.

Pero no es que él fuera literalmente un *gurú* o que buscara seguidores. Es que el camino que debemos seguir es el suyo. Jesús fue un rebelde que, en su tiempo, enfrentó las injusticias y denunció la corrupción del templo. Tenemos frente a nuestros ojos historias que son 80% verdad y 20% mentira.

Las doctrinas que predican la existencia de un Dios castigador que impone miedo y separación, un Dios que supuestamente está esperando el momento para enviarnos al infierno, están muy alejadas de la realidad. Ese miedo te hace dependiente de un dogma y de una doctrina, impidiéndote asumir la responsabilidad de tu propia historia.

Cuento mis experiencias con la ayahuasca porque me han permitido ver otros ángulos que jamás había considerado en mi mente racional.

En la ceremonia en la que confronté una de las potestades del ego, o más bien, la entidad que tenía dentro de mí y que estaba relacionada con la promiscuidad, recuerdo haber salido de la *maloca* y comenzar a agradecer a Dios por permitirme recuperar el liderazgo sobre mi cuerpo. Sentía como si, por mucho tiempo, alguien más lo hubiera gobernado.

Estaba sentada, mirando la luna, cuando comencé a reflexionar sobre aspectos de mi energía femenina. De repente, una voz en mi interior me dijo: «Es que tú eres María Magdalena». Por supuesto, me sorprendí. «¿Yo? ¿Cómo? No es posible», me decía a mí misma.

Entonces comenzaron a llegarme diferentes visiones, tanto de mi vida actual como de otras vidas. También recibí información sobre los aspectos femeninos del universo y del colectivo.

La ayahuasca me afirmó que había tenido una conexión importante con el Maestro Jesús. Me mostró que, en aquella vida en la que seguramente estuvimos juntos, ambos estábamos en desacuerdo con muchos dogmas religiosos y por eso nos rebelamos. También me dijo que Jesús y María Magdalena no tuvieron hijos, porque su misión y el propósito de su encarnación no incluían la paternidad. Era como si hubieran alcanzado una evolución tal que su maestría en la Tierra no involucrara descendencia.

Quienes han tomado ayahuasca saben que, en una ceremonia, llega una gran cantidad de información al mismo tiempo, un verdadero mar de conocimiento en el que a veces uno no sabe qué hacer con todo lo recibido. Desde luego, yo estaba atenta a mis emociones y a todo lo que me estaba llegando. Mucha de esa información fue impactante para mí, sobre todo porque ya había leído muchas cosas sobre el tema.

Me quedé sentada un rato, lloré mucho. Sentí un dolor profundo, como el dolor de alguien que ha sido falsamente acusado por siglos y que finalmente puede liberar su verdad. Volví a entrar a la *maloca* y me senté frente al fuego. Sentía que todo tenía sentido en mi vida. *¿En realidad soy María Magdalena? ¿Qué he venido a recuperar? ¿He venido a restaurar mi nombre?*

Mis experiencias explicaban bastante bien la conexión que siempre había sentido con ella. Me quedé en silencio. De repente, en la misma ceremonia, la ayahuasca me mostró a varias personas que representaban diferentes arquetipos y me dijo: «Así como tú eres María Magdalena, miles de otras también lo son». Y luego, nuevamente, silencio. Pensé: «¿Cómo? ¿Entonces al final soy o no soy?».

Fue entonces cuando comprendí: *todos podemos representar un arquetipo de una consciencia*. Y, en este momento, el mundo necesita muchos arquetipos de la consciencia de María Magdalena.

Entonces, lo que realmente pasa cuando alguien dice que es la reencarnación es que se trata de un arquetipo de consciencia, un fractal representado por un cuerpo pero multiplicado en muchos más cuerpos para que sanemos lo mismo. Sí, sanan algo similar y, además, cada uno de esos cuerpos sana otros arquetipos.

Ha sido una de las ceremonias más reveladoras para mí. Frente al fuego, tenía una especie de escalera y se me mostraba cómo se subía en ella para llegar a Dios, para alcanzar esa energía que no era más que amor. Algo también importante es que me invitó a la consciencia de aprender sobre el fractal de la consciencia, pero sin caer en la adoración sin escuchar el sentir. Porque efectivamente entendí que se habla de muchas cosas que son mentira y que lo que hacen es más bien dirigirnos a volver a crear dogmas alrededor de estos personajes. No son el único camino, ni la única alternativa para entender los misterios de este Universo.

Fue tanto así que, cuando regresé a mi casa, tuve que botar algunas imágenes, porque el mensaje era claro: la consciencia no llama a la adoración de nada y, mucho menos, a la dependencia espiritual de una historia que ha sido mal contada durante tanto tiempo.

Fue raro, porque fue como cuestionarme si era real todo lo que había vivido en los viajes, pero el mensaje era claro: la dependencia me retenía y no me dejaba avanzar.

Me di cuenta, luego, de cómo todo lo que se me mostró en esa ceremonia también eran fractales de información que existen, y que todo lo que había visto y sentido no era más que la representación arquetípica de mi vida. Estaba sanando a profundidad mi femenino.

Con los días y las semanas también he ido integrando la información sobre si en verdad existen las vidas pasadas, si todo lo que he visto en sueños es en realidad un recuerdo de mi memoria de vidas anteriores, así como las experiencias que he tenido con la abuela ayahuasca.

Recuerdo que una amiga me hablaba de enfocarme sólo en el presente, de permanecer concentrada en el eterno ahora, sin recurrir a ningún tipo de regresión a vidas pasadas ni quedarme atrapada en la idea de que tengo deudas provenientes de otra vida. Me decía: solamente observa lo que tienes que sanar en esta, y hazlo aquí y ahora.

Después de la ceremonia que les cuento, en la que yo sentía que todo ocurría exactamente en ese mismo instante —como si de verdad estuviera en el cuerpo de esa mujer llamada María Magdalena—, pude ver el pasado, el futuro, el femenino en orden. En sueños, semanas después, lo comprendí: *todo ocurre en este momento*, aquí, ahora mismo. Por eso no hay necesidad de explorar regresiones pasadas. En otra dimensión —desconocida para nosotros— seguramente somos un fractal de Magdalena. En otras dimensiones, yo viví en Australia varias veces; en otras, fui ese ancestro que buscaba dejar de rechazar a la mujer. Lo que estoy haciendo es el trabajo de la escalera: avanzar, subir de una dimensión a otra para alcanzar esa frecuencia energética que me permita ser feliz y cumplir los sueños que tengo. En esas otras dimensiones estuve limpiando temas de brujería y, tal vez, también estuve en el mismísimo instante de los cátaros.

Es difícil digerir esta información. Pensamos que vivimos en un tiempo lineal en el que las cosas suceden una después de la otra, porque eso es lo que nos han enseñado: pasado, presente y futuro. Y así creemos que es. Pero un velo más se cae cuando entendemos que todo es un eterno presente. Lo que hacemos en sueños, por ejemplo, es conectar con esas otras dimensiones en las que vivimos y desde las cuales alimentamos la información que necesitamos para ir sanando y depurando miedos y programas mentales. Las vidas pasadas, entonces, en sí no existen: son otras dimensiones, otras vidas ocurriendo en este mismo instante todas juntas. Pero lo percibimos como «pasado» porque nuestras creencias impuestas así nos lo hacen ver.

Todo este tiempo, lo que me ha sucedido con esos sueños, en mis viajes a otros países y en la experiencia con la ayahuasca, es que he sido guiada por lo que muchos místicos llaman el *sagrado ángel guardián*, otros llaman el *yo superior*, y otros el *doble cuántico*. Para mí —como lo he visto con la abuela ayahuasca—, mi espíritu más elevado, más consciente, es ese espíritu de Mónica que funge como el ángel guardián que cada uno tiene. Ese espíritu me ha guiado para desprogramarme, para liberarme de dolores que no me pertenecen, desde una dimensión más elevada. Me ha ayudado a soltar cosas que son sólo una ilusión y que lo único que han hecho es alejarme de mi verdadera esencia.

He estado, entonces, recopilando información de mis otras vidas que están ocurriendo en este mismo instante, para dar más consciencia.

Mi esencia no era ser una mujer promiscua, ni rechazada, ni creerme una mujer «fácil», «cualquiera», ni flagelarme por haber sido abusada. Mi esencia está lejos del dolor, pero no lo podía ver. He subido los escalones necesarios para entender que, como lo dice Magdalena en sus escritos del *Gospel*, mi alma no le pertenece a la oscuridad. Esta última cree que sí, pero no es así. Mi alma tiene el liderazgo sobre todas las potestades del ego.

Todos *los que queramos*, los que nos autoelijamos, somos la huella energética multiplicada de María Magdalena y el Maestro Jesús, porque el Cristo lo tenemos todos dentro de nosotros. Es una consciencia, un estado de consciencia del espíritu. Como decían los cátaros, no necesitas ir a confesar tus pecados a nadie, ni requieres un intermediario que te comunique con Dios. Nosotros somos los hijos de esa fuente, tenemos conexión y contacto directo. No necesitamos cultos, ni alabar a nadie al extremo de la dependencia emocional y espiritual de un ser externo.

En el culto en el que estuve y que me causó tanta distorsión energética, el preciso problema fue este: *dogma*. Adoración de dioses falsos, constante y distorsionada alabanza al líder del culto. Ritos y rituales religiosos que me mantenían en el sufrimiento constante. Afortunadamente, la misma ayahuasca me sacó de ahí, mostrándome la verdad de por qué *el dogma* religioso nos aparta de la verdad que cada cual debe descubrir sobre la historia de su propia alma.

Aquí no estoy diciendo que algunas personas religiosas no sean buenas; lo son. Las religiones han refugiado a muchas personas en dolor, pero luego les cuesta salir de ahí porque crean una dependencia del cura, del pastor, y no existe evolución. No se sana la creencia de que hay un salvador externo. No se educa ni se orienta para que la persona, en algún punto, suelte esa dependencia espiritual, se apropie de su camino y se salve a sí misma. El que tenga ojos para ver, que vea.

Todas las mujeres que estamos sanando un abuso sexual somos Magdalenas. Incluso sin haber sufrido abuso sexual, si te has sentido abusada de distintas formas, eres Magdalena si decidiste tomar el camino profundo de la escalera de sanación. Fuimos víctimas en su momento cuando fuimos vulneradas, pero dejamos de serlo cuando retomamos nuestro poder. Nos convertimos en María Magdalena cuando decidimos sanar. Así que no hay una, hay miles. Y no sólo hay un Jesús, porque es una consciencia que vuelve para despertar, una consciencia que vuelve para dar más consciencia.

El sagrado femenino no es más que la honra sagrada al cuerpo que tenemos como vehículo para esta experiencia. Debemos aprender quién sí tiene acceso a él y quién no.

Definitivamente, no está en consciencia quien lo regala sin más, sólo por placer momentáneo.

Estas palabras tocarán muchas emociones, pero lo cierto es que la memoria y la impronta energética que viene a dejar María Magdalena en la restitución de su nombre —porque jamás fue prostituta— es la restitución de la dignidad de la mujer.

Nuestro cuerpo no es objeto del placer del otro: ni por dinero, ni por vicio, ni por diversión de la sociedad. Incluso, tampoco por satisfacción carnal propia. Nuestro cuerpo y nuestra sexualidad son sagrados y nos pertenecen a cada una de nosotras. Aunque hemos sido tratadas como lo fue Magdalena por más de dos mil años, ya se ha visto que la memoria de lo femenino ha vuelto. Ya se está viendo.

Hay una revolución hacia la dignidad femenina, una revolución para hablar, para decir: «Sí, fui abusada», «Sí, mi cuerpo fue maltratado». Las máscaras estarán cayendo. La marca energética de María Magdalena es lo que tenemos presente ahora. Lo que debemos hacer es enfocarnos en el mensaje, no en la eterna discusión de si reencarnó y en atribuirnos que somos ella, ni tampoco en debatir si ella fue lo que algunos inventaron.

Atreverse a sanar toda una historia de abuso sexual es un acto puro y de valentía para contigo misma. Ir a la profundidad de esa herida, aunque duela mucho y todas las estructuras se caigan, es lo que estás llamada a hacer. Álmicamente, no creaste esa experiencia para dejarla a medias, para evadirla y pretender que no pasó.

El abuso sexual no sólo es penetración; también son los tocamientos y el experimentar situaciones que no debías vivir a tu edad.

Acostarse cada noche con diferentes hombres trae consigo una herida detrás. Sentir incomodidad con lo sexual es un llamado a una sanación que tu cuerpo y tu alma piden. Irnos a los extremos —que nadie me toque ya siendo adulta o permitir que todos me toquen sin establecer límites—también es una señal de que algo necesita ser sanado.

Para mí, ahora es más fácil identificar cuándo alguien carga con la misma herida que yo tuve. Se refleja en los patrones de comportamiento, en los actos, en las acciones y en los hábitos que se tienen.

Para desarmar un abuso, primero debes ir a la mente, porque está muy manipulada. Por eso, yo te recomiendo acudir a un psicólogo y, poco a poco, ir tocando lo que más te duele: llorarlo, confrontarlo, contarlo, gritarlo y, luego, volver a ti. Perdonarte por lo que tuviste que pasar en inconsciencia, porque muchas veces una sí sabe por qué hace lo que hace.

Ten compasión contigo misma, con tu proceso, con tu cuerpo. Dale tiempo para que sane. No lo castigues, honralo, y una vez aprendas a apreciarlo como es, míralo como un diamante de enorme valor, demasiado valioso como para regalarlo a cualquiera. Después de sanar tu historia, date el valor de entender el diamante que eres.

Todas las mujeres que hemos sido abusadas sexualmente guardamos un poder increíble en nuestra sexualidad, un poder de creación que muchos no entienden. Y no importa que otros no lo entiendan, pero sí importa que tú lo comprendas y comiences a darle la importancia que merece.

Muchas veces, estamos con tanta sed de amor que nos dejamos llevar por lo que sea, cuando el verdadero enfoque debe estar en nuestra propia tranquilidad primero.

El sagrado femenino viene desde Lemuria, o incluso desde mucho antes, creo yo, por lo que he experimentado y vivido. Hubo una semilla allí que se dañó, que se fracturó. Llevamos milenios tratando de restaurar el equilibrio, porque la mujer ha sido abusada de muchas formas desde hace siglos. Nos han abusado y, a veces, nosotras mismas hemos sido cómplices de esos abusos. Pero desde hace varios años nos han estado preparando. El mundo, en general, se viene enfrentando energéticamente a muchos cambios para integrar esa sanación. Por eso hay tantas mujeres y hombres hablando sobre María Magdalena en estos tiempos. Por eso se habla de la *Madre Sagrada*.

La imagen que nos venden de la Virgen María, siendo completamente virginal, también ha sido manipulada. Nos han hecho creer que sólo eres digna si eres pura. Históricamente, se sabe que esa es una construcción dogmática, porque el hecho de que María fuera «milagrosamente» embarazada fue una manipulación.

Se dice que María, la madre de Jesús, quedó embarazada por el Espíritu Santo, pero quiero mostrarte un fragmento del *Gospel de Felipe* que habla sobre esto:

> *Algunos decían que María había concebido del Espíritu Santo. Están en un error. No entienden lo que dicen. ¿Cuándo ha sucedido que una mujer concibe de otra mujer?*
>
> *María, al mismo tiempo, es también la castidad que no fue profanada por la violencia.*
>
> *Ella es una gran tentación para los judíos, tanto para aquellos que predican como para aquellos que escuchan sus prédicas.*
>
> *Su castidad, que no fue profanada por la violencia, es pura. Los que se profanaron a sí mismos (a través de sus fantasías) son los poderosos.*
>
> *El Señor (Jesús el Cristo) no habría dicho: «Mi Padre que está en el Cielo» si no hubiera tenido otro padre. Él simplemente habría dicho: «Mi padre».*

Esto confirma que María no concibió por «el Espíritu Santo», porque en este contexto el Espíritu Santo es femenino. Lo que también quiere decir es que María era virgen cuando quedó embarazada de Jesús, era pura.

Los textos apócrifos de Felipe no están incluidos en ningún dogma católico ni cristiano. Hay historiadores que aseguran que María tuvo más hijos y que Jesús tuvo hermanos. Esa glorificación inalcanzable de la mujer puritana y alejada de la realidad también ha hecho mucho daño al sagrado femenino, porque el sagrado femenino no es ser virginal.

Con el libro de Margaret Starbird y el *Gospel de Felipe*, logré confirmar este pensamiento que había tenido sobre María, la madre de Jesús.

Para la Iglesia de Roma no era conveniente que se supiera que había un matrimonio entre Jesús y María Magdalena. Energética y espiritualmente, esto tiene muchas explicaciones:

Pérdida de poder económico y energético para la Iglesia.

Desempoderamiento del creyente, ya que Jesús debía ser visto como algo inalcanzable y no como un ser humano con experiencias terrenales.

Desde el siglo XIII, la Iglesia nos ha hecho creer que la María que se venera es María, la madre de Jesús, y no su esposa. Si bien hoy en día muchas iglesias y templos cristianos están dedicados a la fe en «María la Virgen», hay bastante historia que sugiere que muchas capillas fueron construidas originalmente en honor a lo femenino, a la Diosa Madre, a la «Señora» y a la historia oculta de María Magdalena.

Para mí, el sagrado femenino también significa *ser consciente de mi sexualidad sagrada, saber cuidarla, respetarla y elegir con quién compartirla*. Pero no se trata de irse a un extremo o al otro, porque eso sería caer en los péndulos negativos.

El extremo de la *virginidad absoluta*, promovido por algunas religiones, es un péndulo negativo porque niega el poder femenino de la creación, la fertilidad y la energía creativa. El extremo opuesto, la *prostitución desmedida*, también afecta a la mujer, porque la reduce a un objeto de deseo y valor únicamente por su sexualidad.

La *sexualidad sagrada* es el punto medio: no somos ni vírgenes puritanas ni meros objetos sexuales. Somos *mujeres, creadoras, sabias, inteligentes y capaces. Somos hijas sagradas de la Madre Cósmica de la Creación.*

Aún seguimos permitiendo abusos contra niñas y mujeres. Seguimos atacando a los hombres sensibles que expresan sus emociones. Seguimos estigmatizando a las mujeres que ejercen la prostitución, diciendo: *Si está ahí, es porque quiere*. ¿En serio? Ya sea que lo hagan por placer (que en muchos casos no es placer real) o por necesidad, seguimos atacándonos energéticamente entre nosotras para ejercer control sobre el otro en lugar de apoyarnos.

Y todo esto es precisamente lo que aleja nuestro espíritu de lo sagrado. Al respecto, *sagrado* no significa santo. Sagrado significa importante, especial, digno de cuidado y amor.

La ayahuasca, por ejemplo, está siendo muy maltratada. Soy una mujer que ha caminado varios años junto a ella y he visto de cerca cómo algunos la utilizan de forma indebida, manipulando a otros para obtener poder energético o beneficio económico. También he visto cómo se manipula a las mujeres energéticamente para extraer su energía, cómo nos hacen vivir visiones diseñadas para mantenernos en el dolor.

Muchos, desde el momento en que la preparan, lo hacen con malas intenciones. La misma planta me lo ha mostrado a mí y a otras mujeres. Nos ha revelado cómo algunos la dan con intenciones de caos y manipulación. Hoy en día, es difícil encontrar quién la ofrece con respeto genuino.

No solamente la ayahuasca, que es una energía de madre, sino también otras prácticas y medicinas están siendo mal utilizadas, porque quienes las administran desde otros niveles de consciencia se han quedado atrapados en las partes bajas de las potestades del ego.

El sagrado femenino también implica sanar esa herida de envidia y rechazo que existe entre mujeres. No se trata sólo de hacer un viaje para descubrir a María Magdalena, pero seguir ejerciendo el papel de la niña envidiosa del colegio.

El sagrado femenino es mirarnos en un espejo, reconocer todas las potestades que no hemos sanado y quitarles el poder a esos demonios internos que nos impiden ser *espíritu*, espíritu de creación y del bien. Aún nos queda un largo camino para comprender realmente de qué se trata el sagrado femenino y el sagrado masculino. Nos falta mucho por recorrer, pero lo único que podemos hacer es comenzar por nosotros mismos.

María Magdalena nos dejó un manual para seguir y una historia de vida para estudiar, analizar y cambiar por lo menos en nuestro entendimiento. Hoy en día, muchos siguen diciendo: «Ah, ¿Magdalena? ¿La prostituta de la historia de Jesús? ¿Aquella de quien expulsaron siete demonios?».

Nosotros somos quienes podemos abrir los ojos a la verdad y cambiarla. Podemos decidir qué sendero queremos caminar. El mensaje es claro: sanamos en espiral, en espiral hacia arriba. Ahí está la ascensión y el manual que hemos estado buscando durante más de dos mil años. Ese es el mensaje crístico que Jesús le dio a María Magdalena para que continuara.

Está en nuestras manos seguir el camino. Eso es todo lo que debemos hacer, liberar una por una las potestades del ego. Pregúntate: ¿Quién dirige tu vida? ¿Tu alma o tus egos?

Desde ahora, anclados al amor, nunca más desde el dolor.

Contenido